あつまれ!!

小学生の数独

4・5・6年

ニコリ　編

もくじ

●数独のとききかた …… 3

●4×4の数独 …… 9

おまけパズル

●数字をつなごう（その1） …… 35
●四角に切ろう（その1） …… 47

●9×9の数独 …… 59

おまけパズル

●数字をつなごう（その2） …… 105
●四角に切ろう（その2） …… 116

●こたえ …… 126

数独のときかた

数独は、空いているマスに数字を入れていくパズルです。

問題

1		2	3
3	2		
		4	1
4	1		2

↓

こたえ

1	4	2	3
3	2	1	4
2	3	4	1
4	1	3	2

空いているマスが全部うまるとできあがりです。

どうやってうめたらいいか、次のページから説明しましょう。

4×4マスの数独のルール

数字の入っていないマスに、１から４までのどれかを入れましょう。

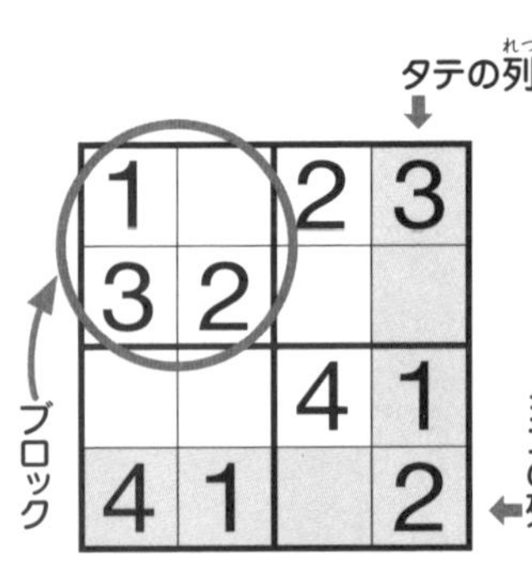

①どのタテの列にも、１から４までの数字が１つずつ入ります。
（列は４列あります）

②どのヨコの列にも、１から４までの数字が１つずつ入ります。
（列は４列あります）

③太い線で囲まれた４マスのブロックの中にも、１から４までの数字が１つずつ入ります。
（ブロックは４個あります）

1	4	2	3
3	2	1	4
2	3	4	1
4	1	3	2

左のように、どのタテの列、ヨコの列、ブロックの中にも、同じ数がダブらずに４つ入れば完成です。

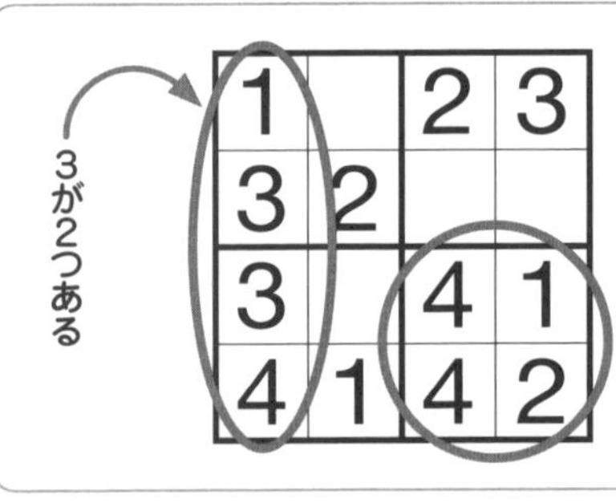

×同じ数字が入るのはまちがい。

◆4×4マスの数独を解いてみよう◆

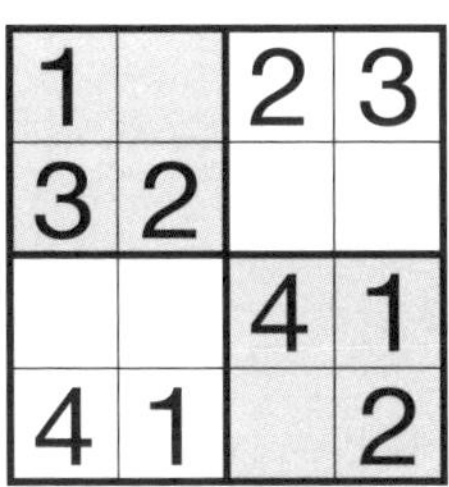

数字がたくさん入っているブロックを探そう。
左上のブロックは１、２、３が入っているので、まだ入っていない４が入る。
右下のブロックは１、２、４が入っているので、まだ入っていない３が入る。

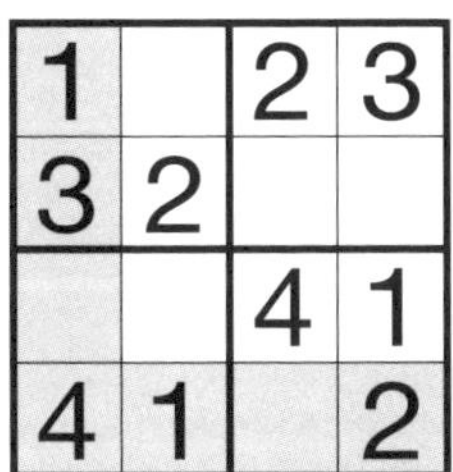

数字がたくさん入っている列も、考えやすいよ。
いちばん左のタテ列は、１、３、４が入っているので、まだ入っていない２が入る。
いちばん下のヨコ列は、１、２、４が入っているので、まだ入っていない３が入る。

1		2	3
3	2		
		4	1
4	1		2

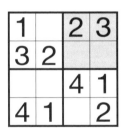

この数字はどこに入るかな、という考えかたもあるよ。
１は右上のブロックでどこに入るかな？

1		2	3
3	2	★	
		4	①
4	1		2

いちばん右のタテ列に１があることに気をつけよう。
同じ列に同じ数字は入らないので、★のマスに１が入る。

こうやって、入りやすいところを見つけて解いていこう。

→4×4マスの数独は10ページからはじまります。

9×9マスの数独のルール

数字の入っていないマスに、１から９までのどれかを入れましょう。

↓タテの列

6	8	9	5	2	7	4	3	
	1		4				2	
	3	2	1					7
5	9		2	7	8	6	1	3
			3		9			
3	2	7	6	4	1		8	5
8					4	1	5	
	5				2		4	
	4	1	8	3	5	7	6	9

ブロック

←ヨコの列

①どのタテの列にも、１から９までの数字が１つずつ入ります。（列は９列あります）

②どのヨコの列にも、１から９までの数字が１つずつ入ります。（列は９列あります）

③太い線で囲まれた９マスのブロックの中にも、１から９までの数字が１つずつ入ります。（ブロックは９個あります）

6	8	9	5	2	7	4	3	1
7	1	5	4	9	3	8	2	6
4	3	2	1	8	6	5	9	7
5	9	4	2	7	8	6	1	3
1	6	8	3	5	9	2	7	4
3	2	7	6	4	1	9	8	5
8	7	3	9	6	4	1	5	2
9	5	6	7	1	2	3	4	8
2	4	1	8	3	5	7	6	9

使う数字がふえますが、考えかたは同じ。
左のように、どのタテの列、ヨコの列、ブロックの中にも、同じ数がダブらずに９つ入れば完成です。

◆9×9マスの数独を解いてみよう◆

6	8	9	5	2	7	4	3	
	1		4				2	
	3	2	1					7
5	9		2	7	8	6	1	3
			3		9			
3	2	7	6	4	1		8	5
8					4	1	5	
	5				2		4	
	4	1	8	3	5	7	6	9

5が入る

数字がたくさん入っているブロックを探そう。
中央のブロックは８個数字が入っていて、空いているマスは１つだけ。まだ入っていない数字を調べると、５が入る。

6	8	9	5	2	7	4	3	
	1		4				2	
	3	2	1					7
5	9		2	7	8	6	1	3
			3		9			
3	2	7	6	4	1		8	5
8					4	1	5	
	5				2		4	
	4	1	8	3	5	7	6	9

1が入る

2が入る

数字がたくさん入っている列も、考えやすいよ。
いちばん上のヨコ列は空いているマスが１つだけ。まだ入っていない数字を調べると、１が入る。
いちばん下のヨコ列も空いているマスが１つだけ。まだ入っていない数字を調べると、２が入る。

6	8	9	5	2	7	4	3	
	1		4				2	
	3	2	1					7
5	9		2	7	8	6	1	3
			3		9			
3	2	7	6	4	1		8	5
8					4	1	5	
	5				2		4	
	4	1	8	3	5	7	6	9

9×9の数独では「この数字はブロックの中でどこに入るかな」という考えかたを多く使う。
5は左上のブロックでどこに入るかな？

6	8	9	5	2	7	4	3	
	1	★	4				2	
	3	2	1					7
5	9		2	7	8	6	1	3
			3		9			
3	2	7	6	4	1		8	5
8					4	1	5	
	5				2		4	
	4	1	8	3	5	7	6	9

タテやヨコの列にもう入っている5に気をつけよう。
同じ列に同じ数字は入らないので、★のマスに5が入る。

もう5が入っている列に5を入れてはダメ!

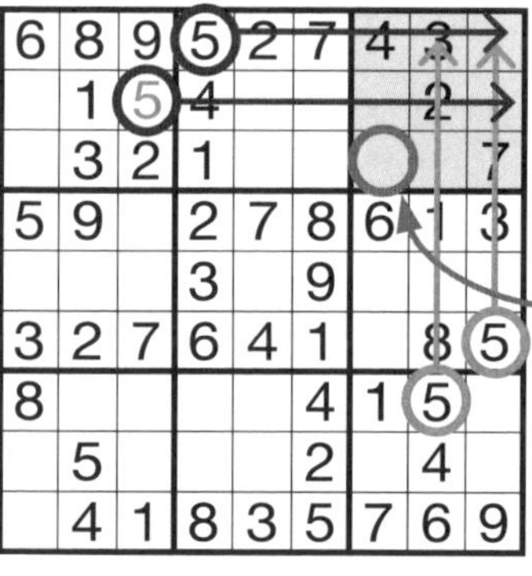

★に5が入ると、右上のブロックでも5の入るところが決まるよ。

こうやって、入りやすいところから解いていこう。

→9×9マスの数独は60ページからはじまります。

数独
SUDOKU

はじめのほうはヒントがついています。
気をつけて解いていこう。

＊といた日にちを書こう。　＊いまの天気に○をしよう。

月　日 ☀ ☁ ☂ ☃

解けたら、色をぬろう

1

1	4	3	2
	3		4
4		2	
3	2	4	1

使うすうじ　1・2・3・4

4つあるブロックには1つずつ空いたマスがあります。ブロックの中で足りない数字を入れよう。

月　日

2

	1	2	3
3			4
2		4	1
1	4	3	

使うすうじ　1・2・3・4

いちばん上の列には1と2と3が入っています。
まだ入っていない数字を空いたマスに入れよう。

月　日

3

1		2	
2	3		4
4		3	1
	1		2

使うすうじ　1・2・3・4

左上のブロックや右下のブロックがわかりやすい。
いちばん左の列も、空いたマスが1つしかないね。

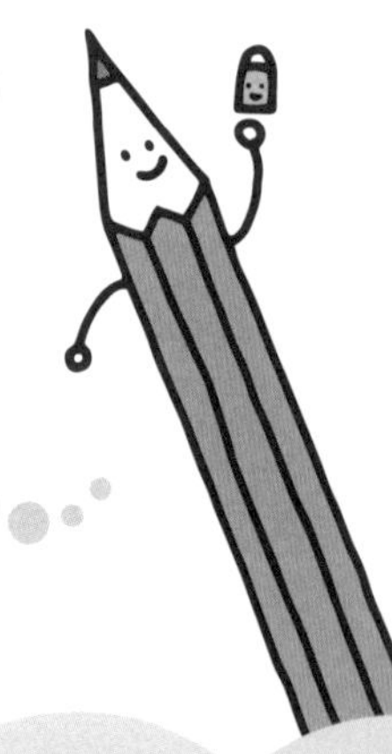

月　日

4

2	3		
1		2	3
3	1		2
		3	1

使うすうじ　1・2・3・4

タテやヨコにたどったとき、同じ列に同じ数字を入れてはいけないよ。右上のブロックで1が入るのはどっちかな？

月　日 ☼ ☁ ☂ ☃

5

		3	4
	3	1	2
1	4	2	
3	2		

使うすうじ　1・2・3・4

上から２列目や３列目には、もう数字が３個入っているので、探しやすいよ。

月　日

6

	4	3	
1	3	4	
4	1	2	
			4

使うすうじ　1・2・3・4

左上のブロックは、1つだけ残った数字を入れよう。
右から2列目のように、3個うまった列もある。

月　日

7

		3	
3	1		2
1		2	4
	2		

使うすうじ　1・2・3・4

タテやヨコの同じ列に、同じ数字を入れてはいけないよ。右上のブロックで4が入るマスはどっちかな？

月　日

8

	2		
3	1	2	
	4	3	1
		4	

使うすうじ　1・2・3・4

左上や右下のブロックは、残った数字を入れよう。
もう３つ数字が入った列もあるよ。

月　日

9

	2	3	4
		1	
	1		
2	3	4	

使うすうじ　1・2・3・4

左上のブロックで3が入るマスを考えよう。
同じ列に3があるマスには入らないから、
すぐに決まるよ。

月　日

10

	1		
	4	1	3
4	3	2	
		3	

使うすうじ　1・2・3・4

ここからはヒントはありません。
自分で、がんばって解いてみよう！

月　日 ☼ ☁ ☂ ☃

3			2
	4	1	
	2	3	
4			1

使うすうじ　1・2・3・4

月 日

12

	1	3	
4			2
3			1
	4	2	

使うすうじ 1・2・3・4

月 日

13

1		2	3
3	2		4

使うすうじ　1・2・3・4

月　日

14

		3	
	4		1
1		4	
	2		

使うすうじ　1・2・3・4

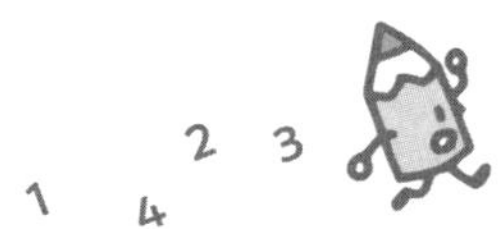

月（がつ）　日（にち）

15

1	4	2	
	3	1	4

使（つか）うすうじ　1・2・3・4

月　日

16

		1	
		4	2
1	3		
	4		

使うすうじ　1・2・3・4

月　日 ☼ ☁ ☂ ☃

17

4			2
	3		
		2	
3			1

使うすうじ　1・2・3・4

月　日

18

	1	4	
	4	3	
3			

使うすうじ　1・2・3・4

月　日

19

2		1	
1			3
		4	

使うすうじ　1・2・3・4

月　日

20

			1
		2	
4	2		
	3		

使うすうじ　1・2・3・4

月　日

21

	4		1
		4	
	1		2

使うすうじ　1・2・3・4

月(がつ)　日(にち)

22

1		4	
	3		2

使(つか)うすうじ　1・2・3・4

月 日

23

	1		
			4
2			
		2	

使うすうじ 1・2・3・4

月　日

24

4			
			1
		3	
	4		

使うすうじ　1・2・3・4

月　日

25

3			
		4	
	1		
			1

使うすうじ　1・2・3・4

数字をつなごう

NUMBERLINK

おなじ数字を線でつなぐパズル。
ひらめきも使って解こう。

数字をつなごうのときかた

「数字をつなごう」は、
おなじ２つの数字を、線でつなぐパズルです。

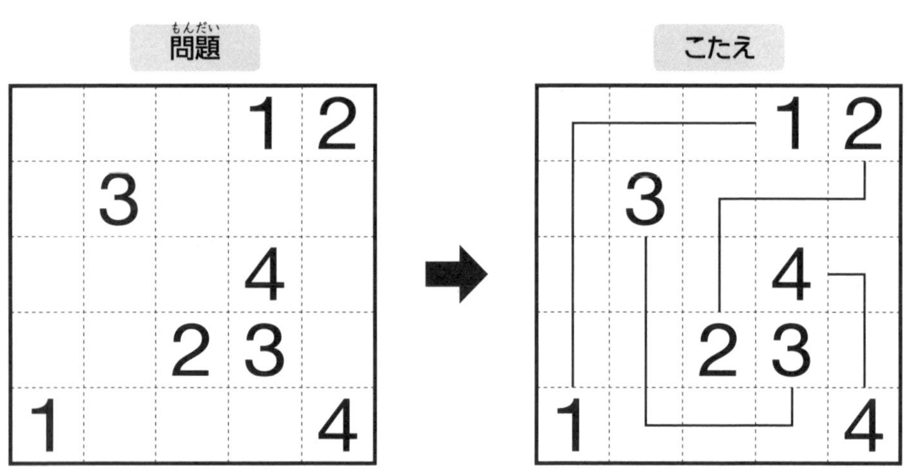

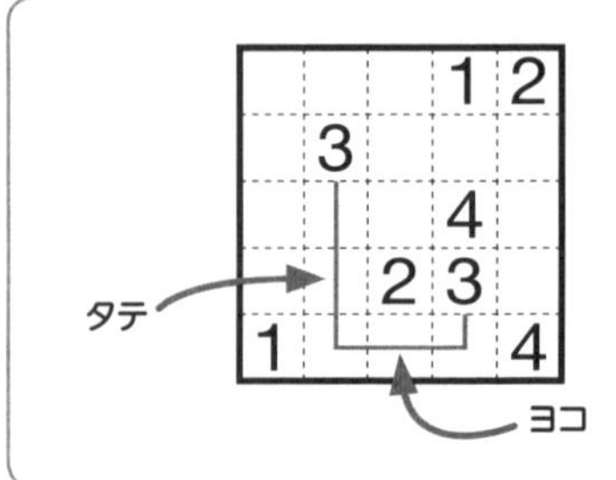

線はタテヨコに引こう。
１つのマスに通っていい線は１本だけだよ。

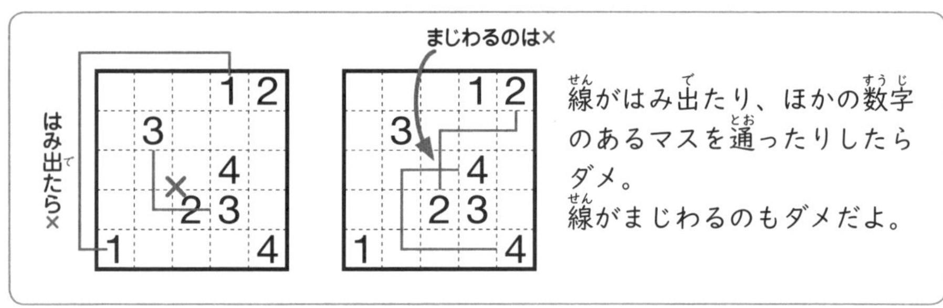

線がはみ出たり、ほかの数字のあるマスを通ったりしたらダメ。
線がまじわるのもダメだよ。

数字がたくさんあるところや、はじっこから進めていこう。

月　日

	4		2	1
	2		3	
	3			
	1			
				4

月（がつ）　日（にち）

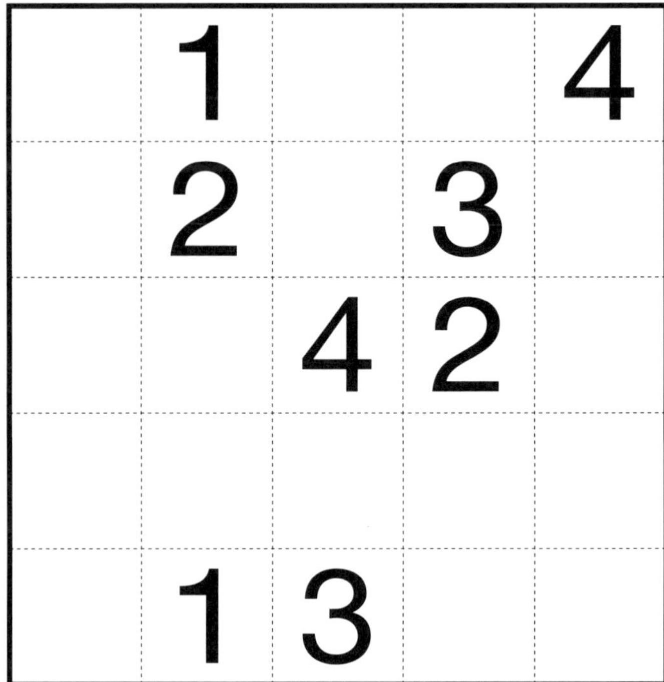

	1			4
	2		3	
		4	2	
	1	3		

月　日

2				
1			3	
		4	2	
	3			
			1	4

月　日

<table>
<tr><td></td><td></td><td></td><td>3</td><td></td></tr>
<tr><td></td><td>1</td><td>4</td><td>2</td><td></td></tr>
<tr><td></td><td></td><td></td><td></td><td></td></tr>
<tr><td></td><td>2</td><td>1</td><td></td><td></td></tr>
<tr><td>4</td><td></td><td></td><td></td><td>3</td></tr>
</table>

月　日

1	3			4
		4	2	
	2		3	
	1			

月　日

<table>
<tr><td>1</td><td>2</td><td>3</td><td>4</td><td>5</td><td>1</td></tr>
<tr><td></td><td></td><td></td><td></td><td></td><td></td></tr>
<tr><td></td><td></td><td></td><td></td><td></td><td></td></tr>
<tr><td></td><td>2</td><td></td><td>4</td><td></td><td></td></tr>
<tr><td></td><td>3</td><td></td><td>5</td><td></td><td></td></tr>
<tr><td></td><td></td><td></td><td></td><td></td><td></td></tr>
</table>

3	1				
				5	
2					4
		1	4		
				3	
		2	5		

月　日

1	2				3
			1		
			4		
	2				
	3				
					4

がつ にち
月 日

					4
	2				
		1	2		
		3	1		
	4				
					3

月　日

<table>
<tr><td>4</td><td></td><td></td><td></td><td></td><td>2</td></tr>
<tr><td></td><td></td><td>3</td><td></td><td></td><td></td></tr>
<tr><td></td><td>2</td><td></td><td></td><td>1</td><td></td></tr>
<tr><td></td><td></td><td></td><td></td><td></td><td></td></tr>
<tr><td></td><td>3</td><td></td><td></td><td></td><td></td></tr>
<tr><td></td><td></td><td></td><td>1</td><td></td><td>4</td></tr>
</table>

四角に切ろう

SHIKAKU

数字の数だけマスを四角く切り取るパズル。
九九をうまく使って解こう。

四角に切ろうのときかた

「四角に切ろう」は、
数字の大きさの四角にマスをわけていくパズルです。

問題

こたえ

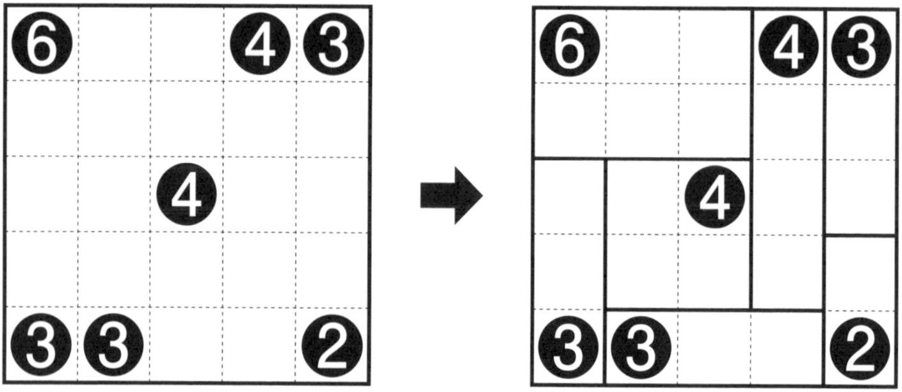

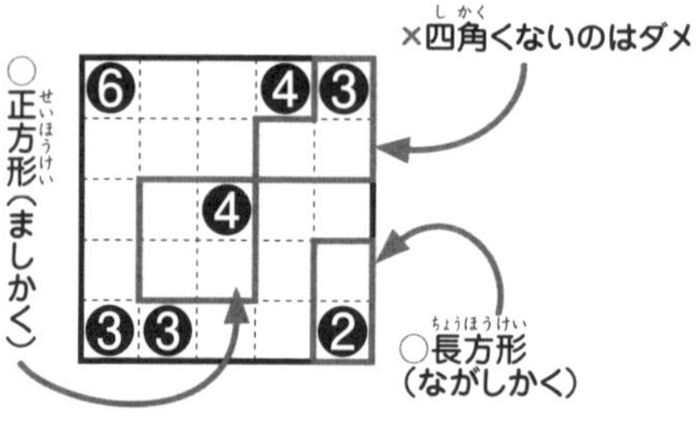

×四角くないのはダメ

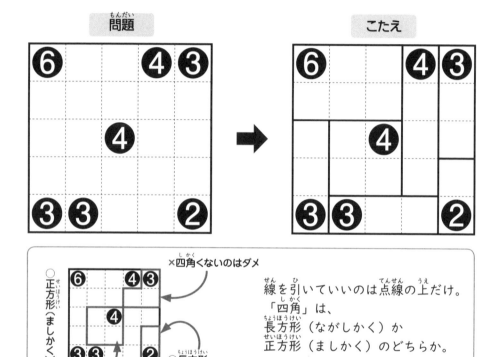

○正方形（ましかく）

○長方形（ながしかく）

線を引いていいのは点線の上だけ。
「四角」は、
長方形（ながしかく）か
正方形（ましかく）のどちらか。

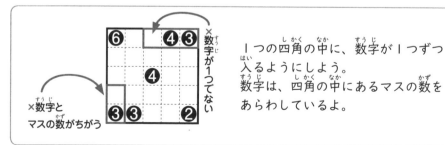

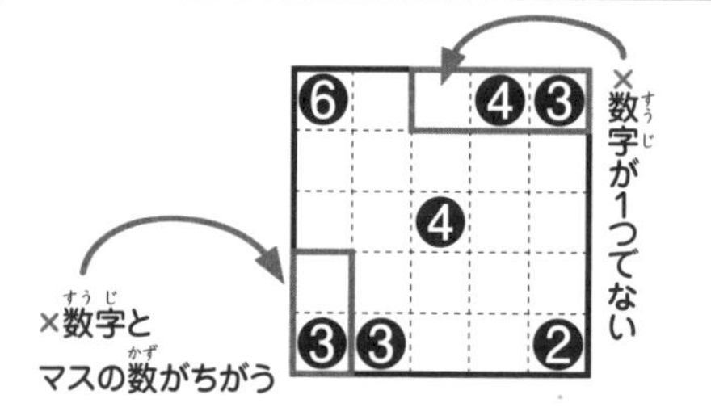

1つの四角の中に、数字が1つずつ入るようにしよう。
数字は、四角の中にあるマスの数をあらわしているよ。

数字がたくさんあるところや、大きい数字から考えよう。

月　日

		3	2	
3		2	3	
	2	2		4
	2	2		

月　　日

	4			3
				2
	2		4	
5				
3			2	

がつ
月
にち
日

解けたら、色をぬろう

3

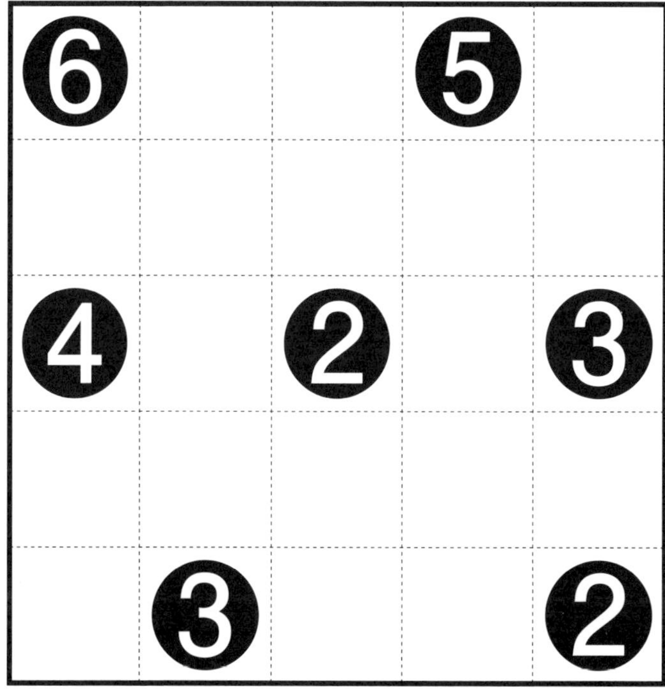

6
5
4
2
3
3
2

月　日

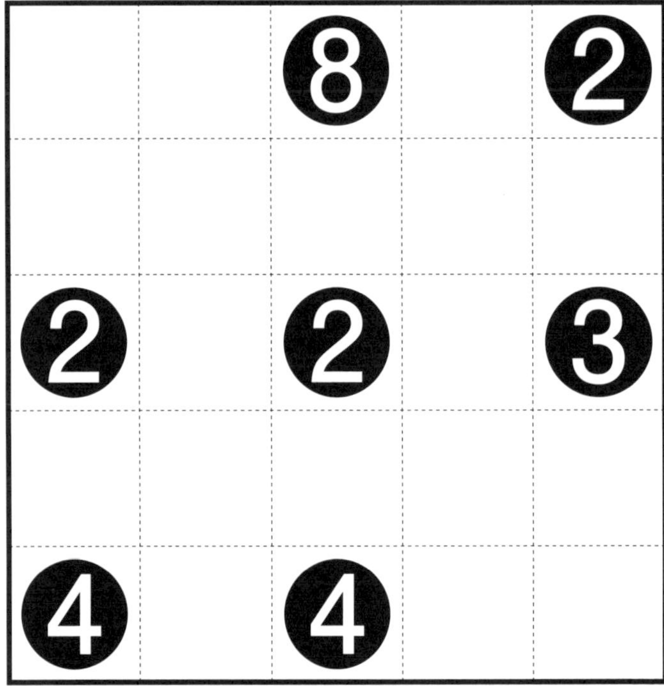

月　日

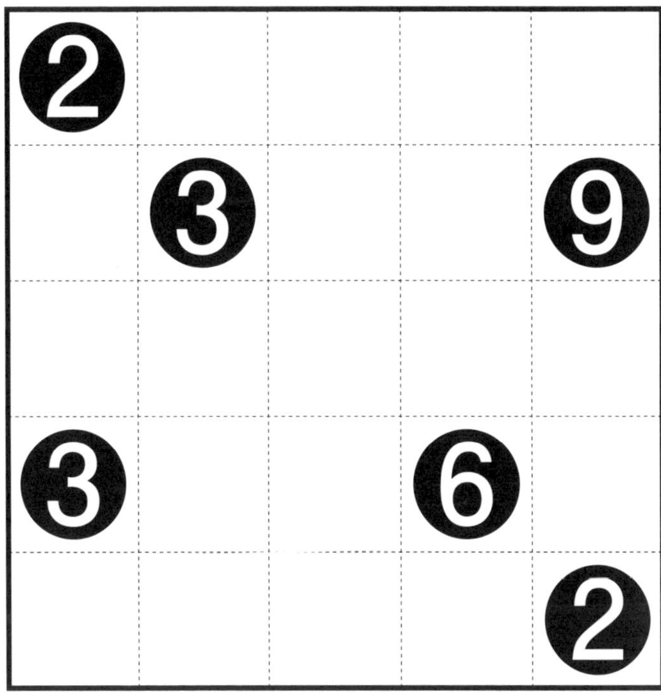

月　日

4				3	3
6					
		4			
			2		
					4
2	6				2

がつ　にち
月　日

					6
6		2			
		2			2
4			3		
			3		3
5					

月　日

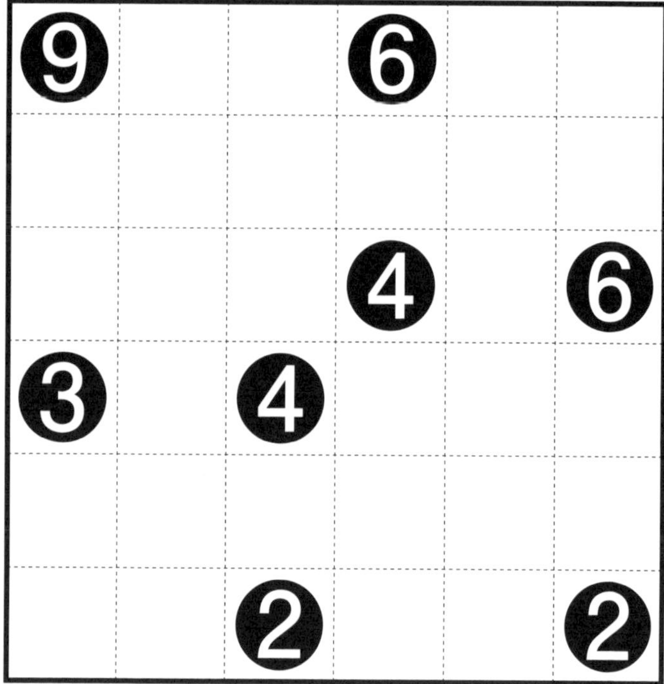

9			6		
			4		6
3		4			
		2			2

月　日

10		6			5
			6		
		3			
2			2		2

月　日

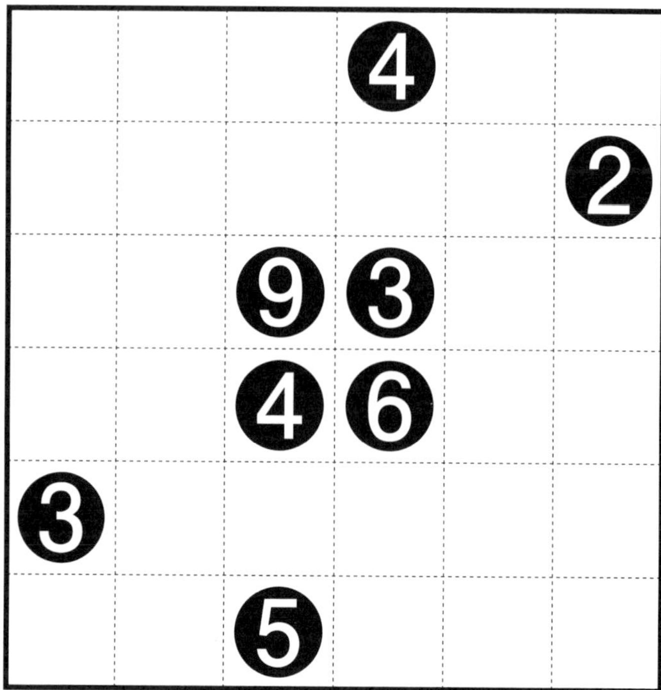

数独（すうどく）
SUDOKU

マスの数（かず）がふえるけれど、考（かんが）えかたはおなじ。
じっくり解（と）いていこう。

月　日

26

1	2	3	4	5	6	7	8	
9		8		2	1	4		6
5	6		9		7		2	3
4	9	7		3	8	5	6	
3	8		6	4	2		1	7
	1	6	7	9		3	4	8
7	5		2		9		3	4
6		9	8	1		2		5
	4	2	5	7	3	6	9	1

使うすうじ　1・2・3・4・5・6・7・8・9

数字がたくさん入った列を見つけよう。いちばん上や下のヨコの列は、空いたマスが１つだけ。１～９のうち足りない数字は何かな？

月　日

27

1	7	4	2		3	8	5	
5	3	6			8	9	4	
2	9		6	5		3	1	7
7	4		3	8		5	2	9
			7	4	2			
8	2	3		1	9		6	4
3	1	2		6	7		9	5
	8	7	4			6	3	1
	6	5	9		1	2	7	8

使うすうじ　1・2・3・4・5・6・7・8・9

左上や右下のブロックは、１つだけ入っていない数字を入れよう。左から２列目や右から２列目のタテの列も残りのマスは１つだけ。

月　日

28

	2	6	9	1	8		4	7
4		8	5	2		1		3
5	7		6		3	8	9	
6	1	9	2	7		4		8
7	3		4		9		5	1
8		5		3	6	7	2	9
	8	7	3		4		1	5
1		4		9	2	3		6
9	6		7	5	1	2	8	

使うすうじ　1・2・3・4・5・6・7・8・9

最初にたくさんある数字から考えるのも解きやすい。1はもう7つ入っているね。左上と中央のブロックではどこに入るかな？

月　日 ☀ ☁ ☂ ☃

29

8		5	9	2	1	7		4
7		2				8		9
4		3	7	8	5	6		1
9	7	6	1		8	2	4	3
			4		7			
5	4	1	2		6	9	7	8
2		7	6	4	9	1		5
6		4				3		7
1		9	5	7	3	4		2

使うすうじ　1・2・3・4・5・6・7・8・9

空いたマスの少ない列を見つけよう。9マスのうち8マスうまっている列がいくつかあるよ。

月	日	☀ ☁ ☂ ☃

30

3	4	9		1			7	8
8		5	3	7		9	2	1
7	2		9	5		6	3	
	9	4	8		7			
6	1	7				8	9	3
			6		1	4	5	
	8	2		6	3		4	5
1	5	3		4	9	2		6
4	7			8		3	1	9

使うすうじ　1・2・3・4・5・6・7・8・9

空いたマスの少ない、左上・右上・左下・右下のブロックがすぐ決まるよ。足りない数字を確実に探して解こう。

31

	6	5	3		2	4	9	1
	1		9	6	7		5	
2	8	9			4		6	7
3				9	5	6		2
5	9	7		1		8	3	4
6		1	8	4				5
9	5		6			1	2	3
	7		4	3	9		8	
8	3	6	5		1	7	4	

使うすうじ　1・2・3・4・5・6・7・8・9

最初にたくさん入っている9から考えるのも、解きやすい。同じ数字が9個、タテヨコでダブらずにうまったらチェックすると便利。

月　日

32

9		7	1	4	3	8		6
	8						3	
6		4	9	8	2	1		5
4	1	9		3		6	5	2
			2		9			
3	2	6		1		7	9	8
1		3	8	9	5	2		7
	6						4	
7		5	4	2	6	3		1

使うすうじ　1・2・3・4・5・6・7・8・9

左上のブロックで2の入るマスは、最初は8の右か左か決まらない。決まらないところはカンで入れずに、必ずあとまわしにしよう。

月(がつ)　日(にち)

33

3	7			6			8	9
5	6	2	9	7	8	1		3
	4			3		2	6	
	3		7	8			1	
1	2	8	3		6	4	7	5
	9			4	5		3	
	5	3		1			9	
9		6	4	5	3	7	2	8
7	8			2			5	1

使(つか)うすうじ　1・2・3・4・5・6・7・8・9

右下(みぎした)のブロックで3が入(はい)るマスと4が入(はい)るマスは決(き)まるので、最後(さいご)に残(のこ)ったマスに6を入(い)れよう。

月　日

34

		1	6				9	4
	7	3	2	5				8
4	6	8	9	3	1			
7	3	2	8	1		5		
	1	5	4		6	9	3	
		4		7	3	8	1	2
			1	6	5	4	7	3
3				9	8	2	5	
1	5				2	6		

使うすうじ　1・2・3・4・5・6・7・8・9

左上・中央・右下のブロックで9はすぐにうめられる。ここをうめると、すべてのブロックで続けて9を決められるよ。

月　日

35

		6	7	9			8	3
	3	9	5			2	1	4
8	1	5			4	7	6	
4	7			6	5	9		
6			1	2	9			7
		1	3	4			2	6
	2	7	4			6	9	8
9	5	4			8	3	7	
3	6			7	2	1		

使うすうじ　1・2・3・4・5・6・7・8・9

２マスしか空いていないブロック、３マスしか空いていないブロックから入れていくと、解きやすいね。

月　日

36

		2	5	6	4	3	8	7
		8	9					2
3	7	5	8					9
6	1	7	4	2	3			5
8			7		6			1
2			1	8	9	7	4	6
9					5	1	2	3
7					8	6		
5	3	6	2	4	1	9		

使うすうじ　1・2・3・4・5・6・7・8・9

中央のマスに残った数字を入れると、その左のブロックでも続けて同じ数字を決められる。また、左下のブロックも残ったマスを決めやすい。

月　日

37

	2		1		6		8	
8	1	6	5		2	4	9	3
	3			9			6	
2	7			4	1		5	9
		9	3	8	7	1		
3	4		2	5			7	8
	8			2			1	
6	9	7	8		3	5	2	4
	5		9		4		3	

使うすうじ　1・2・3・4・5・6・7・8・9

ここからはヒントはありません。自分で、がんばって解いてみよう！

がつ にち
月 日

38

9	7	4				1	3	2
	5	8	9				6	4
		6	7	3				8
6	3	9	5	4	7			1
8	2						7	5
7			8	1	2	3	9	6
5				7	3	6		
1	6				9	8	4	
4	9	3				5	2	7

使うすうじ 1・2・3・4・5・6・7・8・9

月(がつ)　日(にち)

39

1	9	7	2	3		8		6
3				5		7		9
5	8	6	7	1		2		4
								8
	3	5	4	7	6	1	9	
2								
7		2		6	5	9	4	3
4		3		2				1
9		8		4	1	5	2	7

使(つか)うすうじ　1・2・3・4・5・6・7・8・9

40

3		9				8		6
	2		3	5	1		4	
7		5				2		1
2		7	6	9	3	4		8
9		4		8		6		5
1		6	5	2	4	9		3
5		2				3		4
	6		7	3	8		9	
8		3				1		7

使（つか）うすうじ　1・2・3・4・5・6・7・8・9

月 日

41

3		2		9		1		5
5		1		4		6		7
	4	8		5		2		9
	7		5		8	3		1
	3		1		6		9	
2		6	4		9		7	
1		7		8		9	2	
6		3		1		7		4
4		9		6		8		3

使うすうじ 1・2・3・4・5・6・7・8・9

がつ　にち
月　日

解けたら、色をぬろう

42

		3		4		1		
	1	9	3		2		6	
5		4		6		2	7	3
	3		8	9	5		1	
1	9	5				4	8	2
	7		1	2	4		9	
3	4	7		1		6		8
	2		4		6	5	3	
		8		7		9		

使うすうじ　1・2・3・4・5・6・7・8・9

がつ　にち
月　日

43

5	1		2	4			9	7
3			5	1	8			2
				9	3			
1	2			7		6	5	
8	5	6	9		1	2	7	4
	4	9		5			8	3
			3	2				
6			4	8	9			1
2	7			6	5		3	8

使うすうじ　1・2・3・4・5・6・7・8・9

月 日

44

	3	1	5	9				
	8	5	1		7	3	9	2
	9	2				6	1	5
	2			5			6	7
1			6	3	8			4
8	4			2			3	
3	6	8				1	4	
5	7	9	3		4	2	8	
				8	6	7	5	

使うすうじ 1・2・3・4・5・6・7・8・9

45

5	7	1	2					
2			3			5	6	
6			8		1			7
4	3	2	1		8	7	9	5
8			4		9			3
1	6	9	5		7	2	8	4
7			9		5			2
	8	5			2			9
					3	1	5	6

使うすうじ　1・2・3・4・5・6・7・8・9

月　日

46

2		1	7		3	5		8
	4		9	5	2		3	
5		7				4		9
	2		5	1	4		7	
6				9				2
	1		2	6	8		9	
1		9				2		7
	5		1	7	6		8	
3		8	4		9	6		5

使うすうじ　1・2・3・4・5・6・7・8・9

がつ にち
月 日

47

	2	6	9	1				
	3			7	2	1	6	8
	7				6			3
	6	4	2		5			9
9	1			8			3	4
3			4		1	6	2	
1			3				4	
2	9	8	7	6			5	
				5	9	7	8	

使うすうじ 1・2・3・4・5・6・7・8・9

がつ　にち
月　日

48

1		8		7		6		5
	2		3		1		4	
7		3		8		9		2
	7		4		3		9	
9		6		5		1		4
	5		1		6		7	
2		5		4		7		3
	9		2		5		8	
3		4		1		2		9

使うすうじ　1・2・3・4・5・6・7・8・9

月　日

	2			1			7	
4	6	7	9	8	2		1	5
	3							6
	4		8	5			2	9
	5		3	2	1		6	
6	1			9	4		5	
5							9	
3	8		5	6	9	7	4	2
	9			4			3	

使うすうじ　1・2・3・4・5・6・7・8・9

月（がつ）　日（にち）

50

	1		6			7	9	
7		8			3	5		4
	4			7	2		1	6
1				9		2	4	
		5	4		6	1		
	2	4		5				3
2	8		5	3			6	
6		7	2			9		1
	9	3			1		5	

使（つか）うすうじ　1・2・3・4・5・6・7・8・9

月 日

51

			5	2	3			
	3	2		9		5	8	
	6	5		1		7	3	
3			1		2			4
1	5	6				9	2	7
8			7		9			5
	4	1		8		2	7	
	9	7		3		4	5	
			4	7	5			

使うすうじ 1・2・3・4・5・6・7・8・9

月　日

52

2					5	8	7	
	3	8	9		1			5
	7		6			4		9
	6	2	4		9		1	3
				2				
7	5		8		3	2	6	
9		3			4		8	
1			2		8	9	5	
	8	5	1					2

使うすうじ　1・2・3・4・5・6・7・8・9

月　日

53

	9		6	2			1	
2			3		5			4
				8	9			
1	8		4	7		9	6	
3		6	8	9	1	5		2
	7	2		6	3		4	1
			1	5				
6			2		7			9
	1			3	6		5	

使うすうじ　1・2・3・4・5・6・7・8・9

がつ　にち
月　日

54

	7	3	8					4
4					1	5		
1		8	2	4	3		9	
3		9			4	8	5	
		5		2		6		
	8	1	5			9		7
	2		3	9	7	1		5
		7	1					8
5					2	3	7	

使うすうじ　1・2・3・4・5・6・7・8・9

月　日

55

7	2			4			1	
		1	5			9		7
9		3	7		8		5	
8	7				2	4		3
				6				
6		4	8				9	2
	1		4		3	7		6
2		7			5	3		
	4			7			8	9

使うすうじ　1・2・3・4・5・6・7・8・9

56

2	3			8			7	6
9				2				5
		5	1		6	9		
		1	7		8	2		
8	9			5			6	7
		2	4		9	3		
		8	5		3	6		
6				1				2
3	4			9			1	8

使(つか)うすうじ　1・2・3・4・5・6・7・8・9

がつ　にち
月　日

57

1	6			4		7		
5	2	3			7			
	9		5	2				3
		7	3		9		4	
2		9				6		5
	4		2		1	8		
9				3	6		1	
			7			3	2	6
		5		8			9	7

使うすうじ　1・2・3・4・5・6・7・8・9

58

					8	2	3	
	9	6		2				4
	7	3		1				6
		7	1					9
5	4	2	3		7	1	6	8
9					5	3		
4				5		7	2	
3				7		9	8	
	1	8	2					

使うすうじ　1・2・3・4・5・6・7・8・9

月　日

59

3		1			7	5		9
	2		1			6		
4				3			7	8
	7		5		4			3
		6		9		7		
1			3		6		8	
7	5			6				2
		9			8		1	
6		8	9			4		7

使うすうじ　1・2・3・4・5・6・7・8・9

月　日

60

		1	5	6	4		7	3
	3				2			8
4				1		6		
7		9	6				2	
	1			5			6	
	2				3	1		7
		5		4				1
9			1				8	
1	6		8	3	9	5		

使うすうじ　1・2・3・4・5・6・7・8・9

月　日

61

	3	1					8	
7			1			3	2	4
2			3		7	9	5	
	4	7			5	2		
		5	9			1	7	
	5	9	8		2			7
1	2	8			6			3
	7					8	4	

使うすうじ　1・2・3・4・5・6・7・8・9

月(がつ) 日(にち)

62

	8	9	7			5		
		6	8		9		4	
7			1		3			2
1			5			6		
	6			2			5	
		4			8			3
9			3		6			8
	2		4		1	7		
		7			5	9	6	

使(つか)うすうじ 1・2・3・4・5・6・7・8・9

月(がつ)　日(にち)

63

	8		1	5		3		2
3						1		
		6	3		8			7
	1	7			6			
4	2			8			1	3
			9			7	5	
6			2		4	8		
		1						9
9		8		7	1		4	

使(つか)うすうじ　1・2・3・4・5・6・7・8・9

月　日

64

1	5	2		6			4	
7			8				3	5
4					1	7		
	4					5		
3				1				4
		6					2	
		4	3					6
2	1				9			8
	8			4		9	7	3

使うすうじ　1・2・3・4・5・6・7・8・9

がつ　にち
月　日

65

	3	4	7					
	2	1	5			9	8	
						6	7	
5	7			6				
9	4		1	7	8		3	5
				3			4	6
	8	5						
	6	2			4	5	9	
					3	4	2	

使うすうじ　1・2・3・4・5・6・7・8・9

月 日

66

		2	1				9	
4	1				6			8
6			2			4		
		6		3			7	
	5			9			2	
	9			4		1		
		4			3			6
1			7				4	9
	8				5	3		

使うすうじ 1・2・3・4・5・6・7・8・9

月　日

67

		8	1		4			9
	7					8		
3			7				2	
		6		8				5
1			2		3			6
8				9		4		
	1				2			8
		2					7	
7			5		6	1		

使うすうじ　1・2・3・4・5・6・7・8・9

がつ　にち
月　日

3	5	6		8				4
1					2		9	
9		7						
			3		7		6	
6								2
	8		1		4			
						3		8
	1		6					9
4				9		6	7	5

使うすうじ　1・2・3・4・5・6・7・8・9

がつ　にち
月　日

69

		8	5	6				3
	3					1		9
9			4			2		
		9			1			
	5						1	
			7			5		
		7			4			5
4		3					9	
1				8	2	4		

使うすうじ　1・2・3・4・5・6・7・8・9

月　日

70

			4			2		
		7			3			
	3			2				
2			3		9		4	
		8		5		6		
	1		8		7			3
				1			7	
			2			8		
		6			4			

使うすうじ　1・2・3・4・5・6・7・8・9

数字(すうじ)をつなごう その2

四角(しかく)に切(き)ろう その2

大(おお)きいパズルにも挑戦(ちょうせん)してみよう！

月（がつ）　日（にち）

						1	2	
	6						3	
		3		6				
				7				
			4				10	
			5					9
1			7					
			2				9	
4	5		8				8	10

「数字（すうじ）をつなごう」は20番（ばん）までつづきます。

4						5	3	2
					6	9		
			9	8				
					7			
	5	6	7	8				
		4	3				1	
1							2	

月（がつ）　日（にち）

		5						6
	6							2
	4	7				8	7	
		3				9		
						8		
	1	2			9			
			4					
							3	
5					1			

月　　日

		2						
	1						7	
	4				6	5		1
				8				
					5			
2			8			3		
						7		
	3						6	
					4			

月　日 ☀ ☁ ☂ ☃

1	2	1		4				5
					6	3		
3								
			2			6		
						5	4	

月　日

	5	4		3		2	1	
						6		
				1		7	3	
				7				
		6					5	
4							2	

	1	2	3	4	5	6	7	
	7	2	1			4		
						3		
5								6

4 6 1 7 8 9 5 2 3

月　日

								6
	5	2	3					
			1				1	
				6	7		2	
		4			7			
			5					4
								3

	1		3				7	
		2				5	3	
						4		
			6				6	
				5				
						4	1	
							7	
2								

月　日

1				3				
		6	4				6	
				4		5		
2	5							
	1						2	
			3					

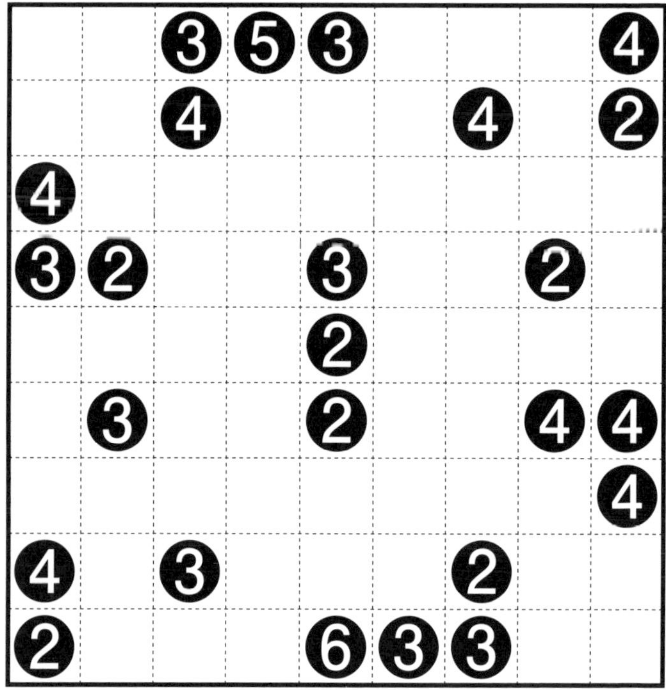

「四角に切ろう」は20番までつづきます。

月　日

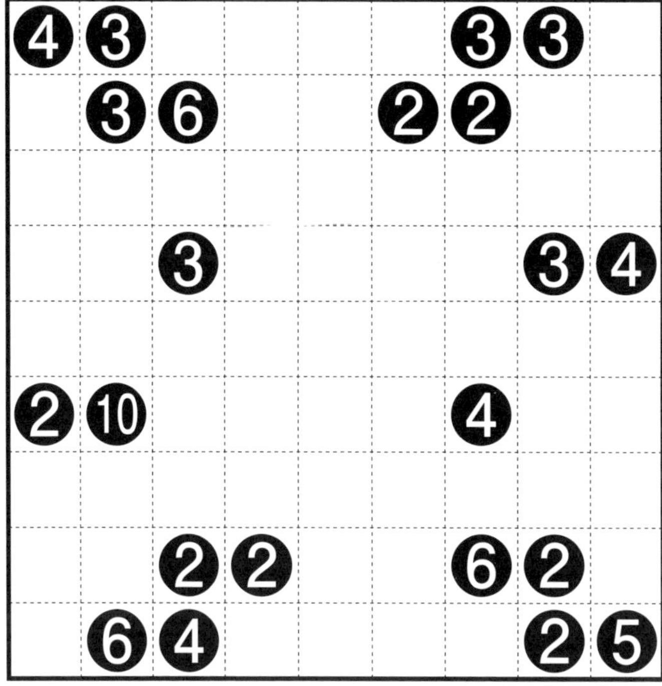

月（がつ）　日（にち）

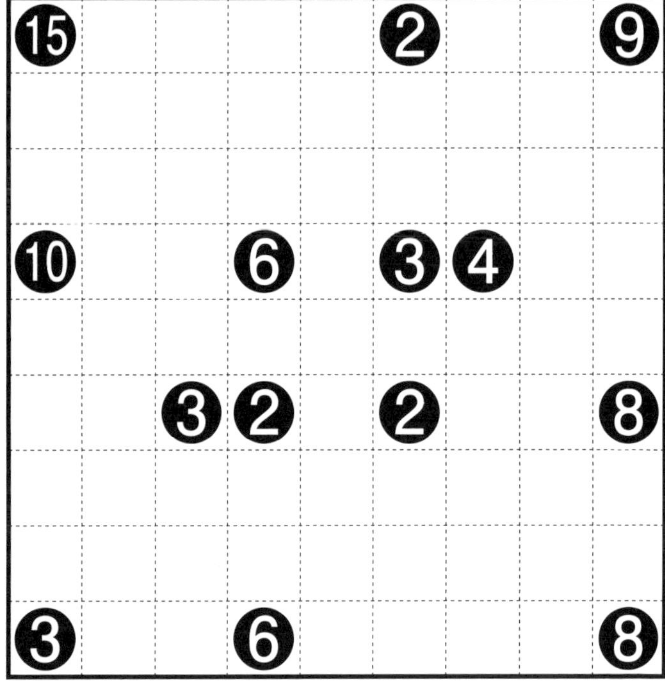

月　日

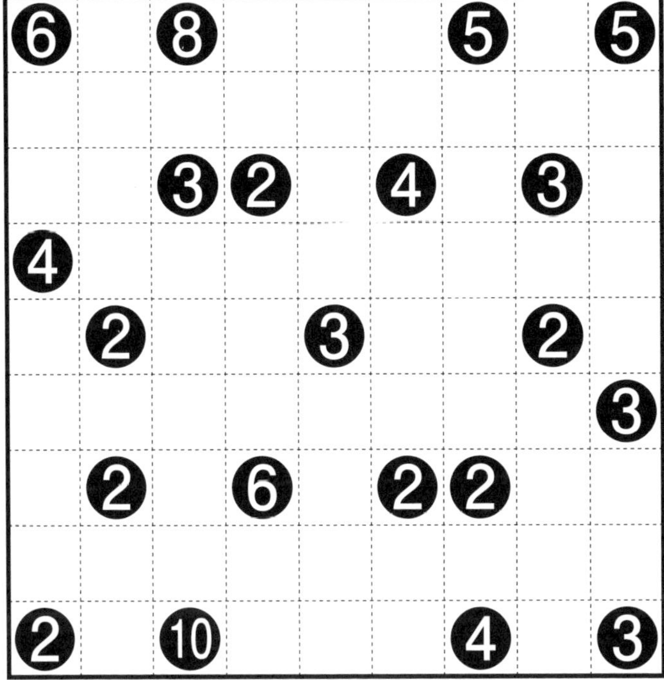

月　日

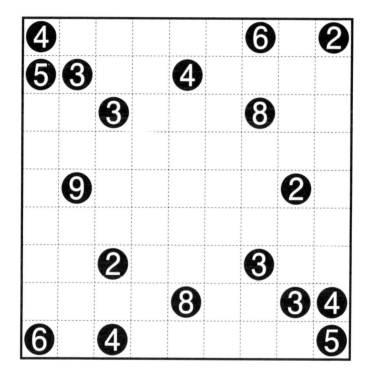

4						6		2
5	3			4				
		3				8		
	9						2	
		2				3		
				8			3	4
6		4						5

月　日

解けたら、色をぬろう

16

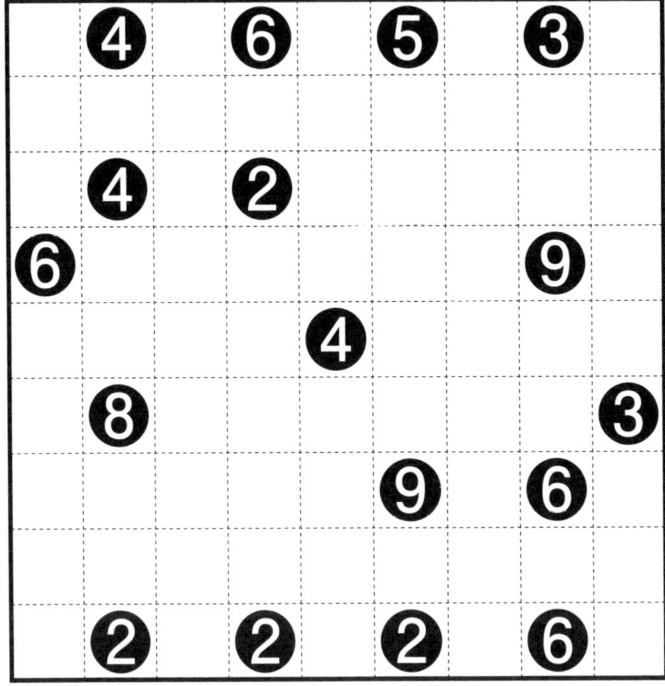
4 6 5 3
4 2
6 9
4
8 3
9 6
2 2 2 6

月（がつ）　日（にち）

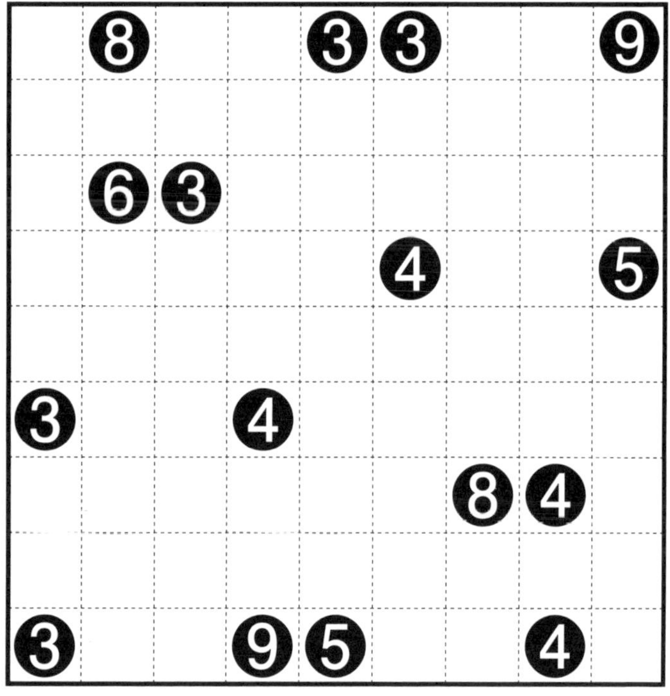

	8			3	3			9
	6	3						
					4			5
3			4					
						8	4	
3			9	5			4	

月　日

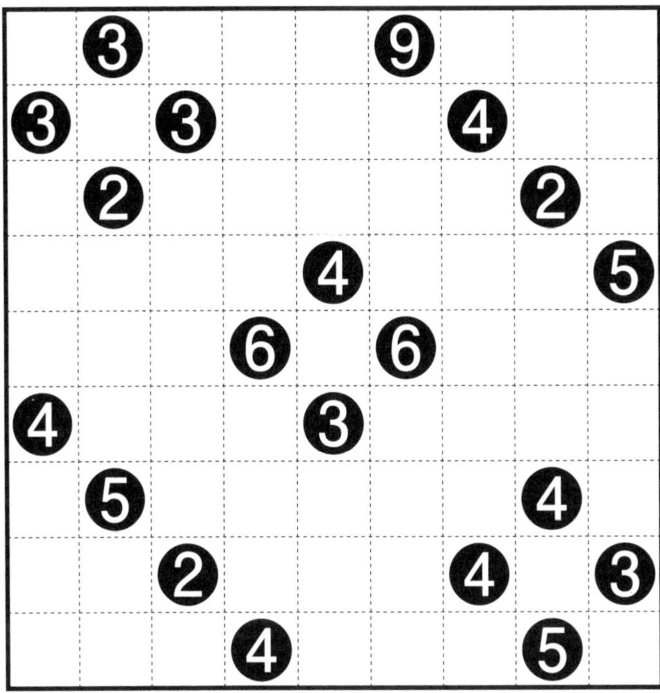

	4							6
3				4			8	
		4		4		2		
	4							
		4				2		
							2	
		3		3		8		
	4			4				3
6							3	

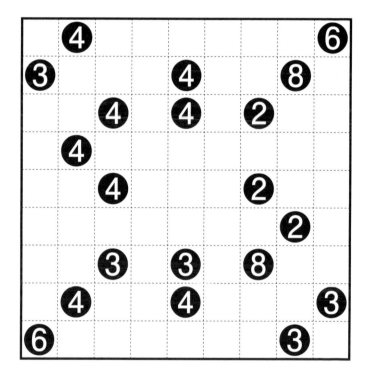

月　日

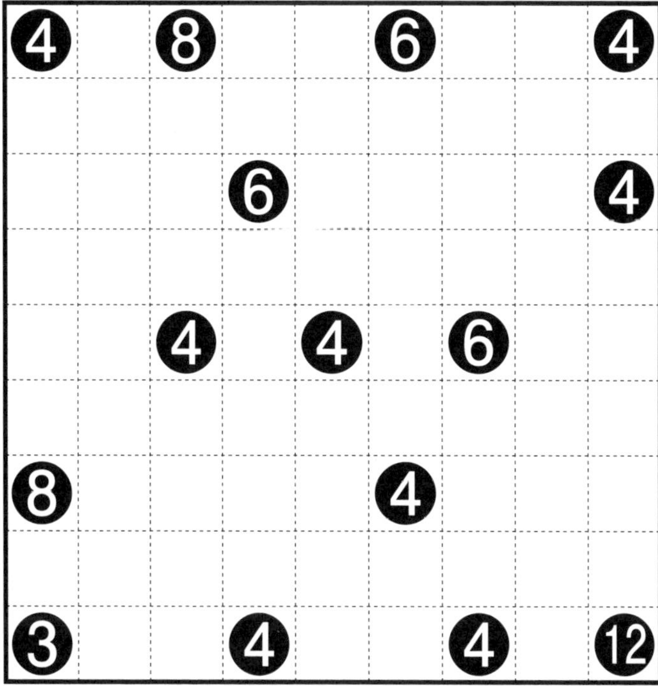

こたえ
SOLUTIONS

●数独のこたえ●

1

1	4	3	2
2	3	1	4
4	1	2	3
3	2	4	1

2

4	1	2	3
3	2	1	4
2	3	4	1
1	4	3	2

3

1	4	2	3
2	3	1	4
4	2	3	1
3	1	4	2

4

2	3	1	4
1	4	2	3
3	1	4	2
4	2	3	1

5

2	1	3	4
4	3	1	2
1	4	2	3
3	2	4	1

6

2	4	3	1
1	3	4	2
4	1	2	3
3	2	1	4

7

2	4	3	1
3	1	4	2
1	3	2	4
4	2	1	3

8

4	2	1	3
3	1	2	4
2	4	3	1
1	3	4	2

9

1	2	3	4
3	4	1	2
4	1	2	3
2	3	4	1

10

3	1	4	2
2	4	1	3
4	3	2	1
1	2	3	4

11

3	1	4	2
2	4	1	3
1	2	3	4
4	3	2	1

12

2	1	3	4
4	3	1	2
3	2	4	1
1	4	2	3

13

2	3	4	1
1	4	2	3
3	2	1	4
4	1	3	2

14

2	1	3	4
3	4	2	1
1	3	4	2
4	2	1	3

15

1	4	2	3
3	2	4	1
4	1	3	2
2	3	1	4

16

4	2	1	3
3	1	4	2
1	3	2	4
2	4	3	1

17

4	1	3	2
2	3	1	4
1	4	2	3
3	2	4	1

18

4	3	2	1
2	1	4	3
1	4	3	2
3	2	1	4

19

2	3	1	4
4	1	3	2
1	4	2	3
3	2	4	1

20

2	4	3	1
3	1	2	4
4	2	1	3
1	3	4	2

21

3	4	2	1
1	2	4	3
4	1	3	2
2	3	1	4

22

1	2	4	3
3	4	2	1
2	1	3	4
4	3	1	2

23

4	1	3	2
3	2	1	4
2	3	4	1
1	4	2	3

24

4	1	2	3
2	3	4	1
1	2	3	4
3	4	1	2

25

3	4	1	2
1	2	4	3
2	1	3	4
4	3	2	1

26

1	2	3	4	5	6	7	8	9
9	7	8	3	2	1	4	5	6
5	6	4	9	8	7	1	2	3
4	9	7	1	3	8	5	6	2
3	8	5	6	4	2	9	1	7
2	1	6	7	9	5	3	4	8
7	5	1	2	6	9	8	3	4
6	3	9	8	1	4	2	7	5
8	4	2	5	7	3	6	9	1

27

1	7	4	2	9	3	8	5	6
5	3	6	1	7	8	9	4	2
2	9	8	6	5	4	3	1	7
7	4	1	3	8	6	5	2	9
6	5	9	7	4	2	1	8	3
8	2	3	5	1	9	7	6	4
3	1	2	8	6	7	4	9	5
9	8	7	4	2	5	6	3	1
4	6	5	9	3	1	2	7	8

28

3	2	6	9	1	8	5	4	7
4	9	8	5	2	7	1	6	3
5	7	1	6	4	3	8	9	2
6	1	9	2	7	5	4	3	8
7	3	2	4	8	9	6	5	1
8	4	5	1	3	6	7	2	9
2	8	7	3	6	4	9	1	5
1	5	4	8	9	2	3	7	6
9	6	3	7	5	1	2	8	4

29

8	6	5	9	2	1	7	3	4
7	1	2	3	6	4	8	5	9
4	9	3	7	8	5	6	2	1
9	7	6	1	5	8	2	4	3
3	2	8	4	9	7	5	1	6
5	4	1	2	3	6	9	7	8
2	3	7	6	4	9	1	8	5
6	5	4	8	1	2	3	9	7
1	8	9	5	7	3	4	6	2

30

3	4	9	2	1	6	5	7	8
8	6	5	3	7	4	9	2	1
7	2	1	9	5	8	6	3	4
5	9	4	8	3	7	1	6	2
6	1	7	4	2	5	8	9	3
2	3	8	6	9	1	4	5	7
9	8	2	1	6	3	7	4	5
1	5	3	7	4	9	2	8	6
4	7	6	5	8	2	3	1	9

31

7	6	5	3	8	2	4	9	1
4	1	3	9	6	7	2	5	8
2	8	9	1	5	4	3	6	7
3	4	8	7	9	5	6	1	2
5	9	7	2	1	6	8	3	4
6	2	1	8	4	3	9	7	5
9	5	4	6	7	8	1	2	3
1	7	2	4	3	9	5	8	6
8	3	6	5	2	1	7	4	9

32

9	5	7	1	4	3	8	2	6
2	8	1	6	5	7	9	3	4
6	3	4	9	8	2	1	7	5
4	1	9	7	3	8	6	5	2
5	7	8	2	6	9	4	1	3
3	2	6	5	1	4	7	9	8
1	4	3	8	9	5	2	6	7
8	6	2	3	7	1	5	4	9
7	9	5	4	2	6	3	8	1

33

3	7	1	2	6	4	5	8	9
5	6	2	9	7	8	1	4	3
8	4	9	5	3	1	2	6	7
4	3	5	7	8	2	9	1	6
1	2	8	3	9	6	4	7	5
6	9	7	1	4	5	8	3	2
2	5	3	8	1	7	6	9	4
9	1	6	4	5	3	7	2	8
7	8	4	6	2	9	3	5	1

34

5	2	1	6	8	7	3	9	4
9	7	3	2	5	4	1	6	8
4	6	8	9	3	1	7	2	5
7	3	2	8	1	9	5	4	6
8	1	5	4	2	6	9	3	7
6	9	4	5	7	3	8	1	2
2	8	9	1	6	5	4	7	3
3	4	6	7	9	8	2	5	1
1	5	7	3	4	2	6	8	9

35

2	4	6	7	9	1	5	8	3
7	3	9	5	8	6	2	1	4
8	1	5	2	3	4	7	6	9
4	7	2	8	6	5	9	3	1
6	8	3	1	2	9	4	5	7
5	9	1	3	4	7	8	2	6
1	2	7	4	5	3	6	9	8
9	5	4	6	1	8	3	7	2
3	6	8	9	7	2	1	4	5

36

1	9	2	5	6	4	3	8	7
4	6	8	9	3	7	5	1	2
3	7	5	8	1	2	4	6	9
6	1	7	4	2	3	8	9	5
8	4	9	7	5	6	2	3	1
2	5	3	1	8	9	7	4	6
9	8	4	6	7	5	1	2	3
7	2	1	3	9	8	6	5	4
5	3	6	2	4	1	9	7	8

37

9	2	4	1	3	6	7	8	5
8	1	6	5	7	2	4	9	3
7	3	5	4	9	8	2	6	1
2	7	8	6	4	1	3	5	9
5	6	9	3	8	7	1	4	2
3	4	1	2	5	9	6	7	8
4	8	3	7	2	5	9	1	6
6	9	7	8	1	3	5	2	4
1	5	2	9	6	4	8	3	7

38

9	7	4	6	8	5	1	3	2
3	5	8	9	2	1	7	6	4
2	1	6	7	3	4	9	5	8
6	3	9	5	4	7	2	8	1
8	2	1	3	9	6	4	7	5
7	4	5	8	1	2	3	9	6
5	8	2	4	7	3	6	1	9
1	6	7	2	5	9	8	4	3
4	9	3	1	6	8	5	2	7

39

1	9	7	2	3	4	8	5	6
3	2	4	6	5	8	7	1	9
5	8	6	7	1	9	2	3	4
6	4	1	5	9	2	3	7	8
8	3	5	4	7	6	1	9	2
2	7	9	1	8	3	4	6	5
7	1	2	8	6	5	9	4	3
4	5	3	9	2	7	6	8	1
9	6	8	3	4	1	5	2	7

40

3	1	9	4	7	2	8	5	6
6	2	8	3	5	1	7	4	9
7	4	5	8	6	9	2	3	1
2	5	7	6	9	3	4	1	8
9	3	4	1	8	7	6	2	5
1	8	6	5	2	4	9	7	3
5	7	2	9	1	6	3	8	4
4	6	1	7	3	8	5	9	2
8	9	3	2	4	5	1	6	7

41

3	6	2	8	9	7	1	4	5
5	9	1	2	4	3	6	8	7
7	4	8	6	5	1	2	3	9
9	7	4	5	2	8	3	6	1
8	3	5	1	7	6	4	9	2
2	1	6	4	3	9	5	7	8
1	5	7	3	8	4	9	2	6
6	8	3	9	1	2	7	5	4
4	2	9	7	6	5	8	1	3

42

2	6	3	7	4	8	1	5	9
7	1	9	3	5	2	8	6	4
5	8	4	9	6	1	2	7	3
4	3	2	8	9	5	7	1	6
1	9	5	6	3	7	4	8	2
8	7	6	1	2	4	3	9	5
3	4	7	5	1	9	6	2	8
9	2	1	4	8	6	5	3	7
6	5	8	2	7	3	9	4	1

43

5	1	8	2	4	6	3	9	7
3	9	7	5	1	8	4	6	2
4	6	2	7	9	3	8	1	5
1	2	3	8	7	4	6	5	9
8	5	6	9	3	1	2	7	4
7	4	9	6	5	2	1	8	3
9	8	1	3	2	7	5	4	6
6	3	5	4	8	9	7	2	1
2	7	4	1	6	5	9	3	8

44

6	3	1	5	9	2	4	7	8
4	8	5	1	6	7	3	9	2
7	9	2	8	4	3	6	1	5
9	2	3	4	5	1	8	6	7
1	5	7	6	3	8	9	2	4
8	4	6	7	2	9	5	3	1
3	6	8	2	7	5	1	4	9
5	7	9	3	1	4	2	8	6
2	1	4	9	8	6	7	5	3

45

5	7	1	2	9	6	3	4	8
2	9	8	3	7	4	5	6	1
6	4	3	8	5	1	9	2	7
4	3	2	1	6	8	7	9	5
8	5	7	4	2	9	6	1	3
1	6	9	5	3	7	2	8	4
7	1	6	9	4	5	8	3	2
3	8	5	6	1	2	4	7	9
9	2	4	7	8	3	1	5	6

46

2	9	1	7	4	3	5	6	8
8	4	6	9	5	2	7	3	1
5	3	7	6	8	1	4	2	9
9	2	3	5	1	4	8	7	6
6	8	4	3	9	7	1	5	2
7	1	5	2	6	8	3	9	4
1	6	9	8	3	5	2	4	7
4	5	2	1	7	6	9	8	3
3	7	8	4	2	9	6	1	5

47

8	2	6	9	1	3	4	7	5
4	3	9	5	7	2	1	6	8
5	7	1	8	4	6	2	9	3
7	6	4	2	3	5	8	1	9
9	1	2	6	8	7	5	3	4
3	8	5	4	9	1	6	2	7
1	5	7	3	2	8	9	4	6
2	9	8	7	6	4	3	5	1
6	4	3	1	5	9	7	8	2

48

1	4	8	9	7	2	6	3	5
5	2	9	3	6	1	8	4	7
7	6	3	5	8	4	9	1	2
8	7	1	4	2	3	5	9	6
9	3	6	7	5	8	1	2	4
4	5	2	1	9	6	3	7	8
2	1	5	8	4	9	7	6	3
6	9	7	2	3	5	4	8	1
3	8	4	6	1	7	2	5	9

49

8	2	5	6	1	3	9	7	4
4	6	7	9	8	2	3	1	5
1	3	9	4	7	5	2	8	6
7	4	3	8	5	6	1	2	9
9	5	8	3	2	1	4	6	7
6	1	2	7	9	4	8	5	3
5	7	4	2	3	8	6	9	1
3	8	1	5	6	9	7	4	2
2	9	6	1	4	7	5	3	8

50

3	1	2	6	4	5	7	9	8
7	6	8	9	1	3	5	2	4
5	4	9	8	7	2	3	1	6
1	7	6	3	9	8	2	4	5
8	3	5	4	2	6	1	7	9
9	2	4	1	5	7	6	8	3
2	8	1	5	3	9	4	6	7
6	5	7	2	8	4	9	3	1
4	9	3	7	6	1	8	5	2

51

7	1	8	5	2	3	6	4	9
4	3	2	6	9	7	5	8	1
9	6	5	8	1	4	7	3	2
3	7	9	1	5	2	8	6	4
1	5	6	3	4	8	9	2	7
8	2	4	7	6	9	3	1	5
5	4	1	9	8	6	2	7	3
6	9	7	2	3	1	4	5	8
2	8	3	4	7	5	1	9	6

52

2	9	6	3	4	5	8	7	1
4	3	8	9	7	1	6	2	5
5	7	1	6	8	2	4	3	9
8	6	2	4	5	9	7	1	3
3	1	4	7	2	6	5	9	8
7	5	9	8	1	3	2	6	4
9	2	3	5	6	4	1	8	7
1	4	7	2	3	8	9	5	6
6	8	5	1	9	7	3	4	2

53

5	9	7	6	2	4	3	1	8
2	6	8	3	1	5	7	9	4
4	3	1	7	8	9	6	2	5
1	8	5	4	7	2	9	6	3
3	4	6	8	9	1	5	7	2
9	7	2	5	6	3	8	4	1
7	2	9	1	5	8	4	3	6
6	5	3	2	4	7	1	8	9
8	1	4	9	3	6	2	5	7

54

6	7	3	8	5	9	2	1	4
4	9	2	6	7	1	5	8	3
1	5	8	2	4	3	7	9	6
3	6	9	7	1	4	8	5	2
7	4	5	9	2	8	6	3	1
2	8	1	5	3	6	9	4	7
8	2	4	3	9	7	1	6	5
9	3	7	1	6	5	4	2	8
5	1	6	4	8	2	3	7	9

55

7	2	5	3	4	9	6	1	8
4	8	1	5	2	6	9	3	7
9	6	3	7	1	8	2	5	4
8	7	9	1	5	2	4	6	3
1	3	2	9	6	4	8	7	5
6	5	4	8	3	7	1	9	2
5	1	8	4	9	3	7	2	6
2	9	7	6	8	5	3	4	1
3	4	6	2	7	1	5	8	9

56

2	3	4	9	8	5	1	7	6
9	1	6	3	2	7	8	4	5
7	8	5	1	4	6	9	2	3
4	6	1	7	3	8	2	5	9
8	9	3	2	5	1	4	6	7
5	7	2	4	6	9	3	8	1
1	2	8	5	7	3	6	9	4
6	5	9	8	1	4	7	3	2
3	4	7	6	9	2	5	1	8

57

1	6	8	9	4	3	7	5	2
5	2	3	6	1	7	9	8	4
7	9	4	5	2	8	1	6	3
8	5	7	3	6	9	2	4	1
2	1	9	8	7	4	6	3	5
3	4	6	2	5	1	8	7	9
9	7	2	4	3	6	5	1	8
4	8	1	7	9	5	3	2	6
6	3	5	1	8	2	4	9	7

58

1	5	4	9	6	8	2	3	7
8	9	6	7	2	3	5	1	4
2	7	3	5	1	4	8	9	6
6	3	7	1	8	2	4	5	9
5	4	2	3	9	7	1	6	8
9	8	1	6	4	5	3	7	2
4	6	9	8	5	1	7	2	3
3	2	5	4	7	6	9	8	1
7	1	8	2	3	9	6	4	5

59

3	8	1	6	4	7	5	2	9
9	2	7	1	8	5	6	3	4
4	6	5	2	3	9	1	7	8
8	7	2	5	1	4	9	6	3
5	3	6	8	9	2	7	4	1
1	9	4	3	7	6	2	8	5
7	5	3	4	6	1	8	9	2
2	4	9	7	5	8	3	1	6
6	1	8	9	2	3	4	5	7

60

8	9	1	5	6	4	2	7	3
5	3	6	9	7	2	4	1	8
4	7	2	3	1	8	6	9	5
7	5	9	6	8	1	3	2	4
3	1	4	2	5	7	8	6	9
6	2	8	4	9	3	1	5	7
2	8	5	7	4	6	9	3	1
9	4	3	1	2	5	7	8	6
1	6	7	8	3	9	5	4	2

61

5	3	1	2	4	9	7	8	6
7	9	6	1	5	8	3	2	4
2	8	4	3	6	7	9	5	1
8	4	7	6	1	5	2	3	9
9	1	2	7	8	3	4	6	5
3	6	5	9	2	4	1	7	8
4	5	9	8	3	2	6	1	7
1	2	8	4	7	6	5	9	3
6	7	3	5	9	1	8	4	2

62

3	8	9	7	4	2	5	1	6
2	1	6	8	5	9	3	4	7
7	4	5	1	6	3	8	9	2
1	7	2	5	3	4	6	8	9
8	6	3	9	2	7	1	5	4
5	9	4	6	1	8	2	7	3
9	5	1	3	7	6	4	2	8
6	2	8	4	9	1	7	3	5
4	3	7	2	8	5	9	6	1

63

7	8	4	1	5	9	3	6	2
3	9	2	6	4	7	1	8	5
1	5	6	3	2	8	4	9	7
5	1	7	4	3	6	9	2	8
4	2	9	7	8	5	6	1	3
8	6	3	9	1	2	7	5	4
6	7	5	2	9	4	8	3	1
2	4	1	8	6	3	5	7	9
9	3	8	5	7	1	2	4	6

64

1	5	2	7	6	3	8	4	9
7	6	9	8	2	4	1	3	5
4	3	8	5	9	1	7	6	2
8	4	1	2	3	6	5	9	7
3	2	7	9	1	5	6	8	4
5	9	6	4	8	7	3	2	1
9	7	4	3	5	8	2	1	6
2	1	3	6	7	9	4	5	8
6	8	5	1	4	2	9	7	3

65

6	3	4	7	8	9	1	5	2
7	2	1	5	4	6	9	8	3
8	5	9	3	2	1	6	7	4
5	7	3	4	6	2	8	1	9
9	4	6	1	7	8	2	3	5
2	1	8	9	3	5	7	4	6
4	8	5	2	9	7	3	6	1
3	6	2	8	1	4	5	9	7
1	9	7	6	5	3	4	2	8

66

8	3	2	1	5	4	6	9	7
4	1	9	3	7	6	2	5	8
6	7	5	2	8	9	4	3	1
2	4	6	8	3	1	9	7	5
3	5	1	6	9	7	8	2	4
7	9	8	5	4	2	1	6	3
5	2	4	9	1	3	7	8	6
1	6	3	7	2	8	5	4	9
9	8	7	4	6	5	3	1	2

67

2	5	8	1	3	4	7	6	9
6	7	1	9	2	5	8	4	3
3	9	4	7	6	8	5	2	1
9	3	6	4	8	7	2	1	5
1	4	7	2	5	3	9	8	6
8	2	5	6	9	1	4	3	7
4	1	9	3	7	2	6	5	8
5	6	2	8	1	9	3	7	4
7	8	3	5	4	6	1	9	2

68

3	5	6	7	8	9	1	2	4
1	4	8	5	3	2	7	9	6
9	2	7	4	1	6	5	8	3
5	9	4	3	2	7	8	6	1
6	7	1	9	5	8	4	3	2
2	8	3	1	6	4	9	5	7
7	6	9	2	4	5	3	1	8
8	1	5	6	7	3	2	4	9
4	3	2	8	9	1	6	7	5

69

2	1	8	5	6	9	7	4	3
5	3	4	8	2	7	1	6	9
9	7	6	4	1	3	2	5	8
6	8	9	2	5	1	3	7	4
7	5	2	3	4	8	9	1	6
3	4	1	7	9	6	5	8	2
8	9	7	1	3	4	6	2	5
4	2	3	6	7	5	8	9	1
1	6	5	9	8	2	4	3	7

70

8	6	1	4	7	5	2	3	9
5	2	7	9	8	3	4	6	1
9	3	4	6	2	1	7	8	5
2	7	5	3	6	9	1	4	8
3	4	8	1	5	2	6	9	7
6	1	9	8	4	7	5	2	3
4	9	2	5	1	8	3	7	6
7	5	3	2	9	6	8	1	4
1	8	6	7	3	4	9	5	2

● 数字（すうじ）をつなごうのこたえ ●

1
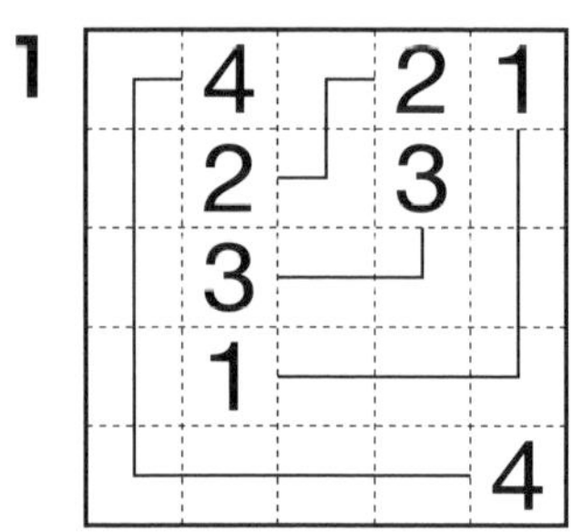

2
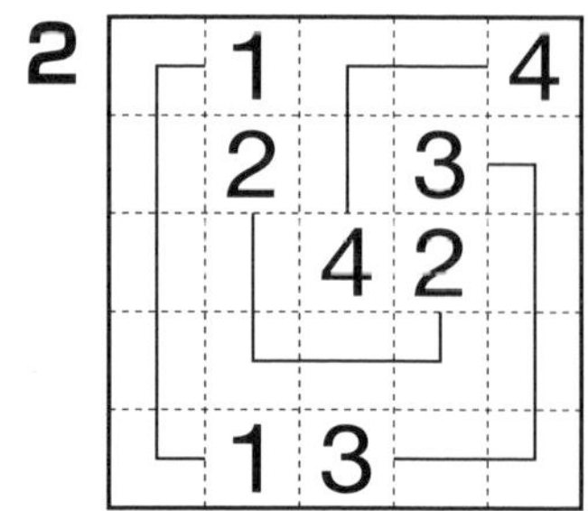

3
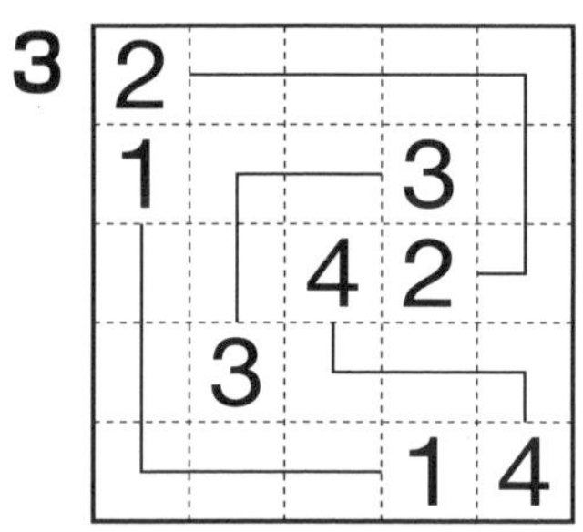

4
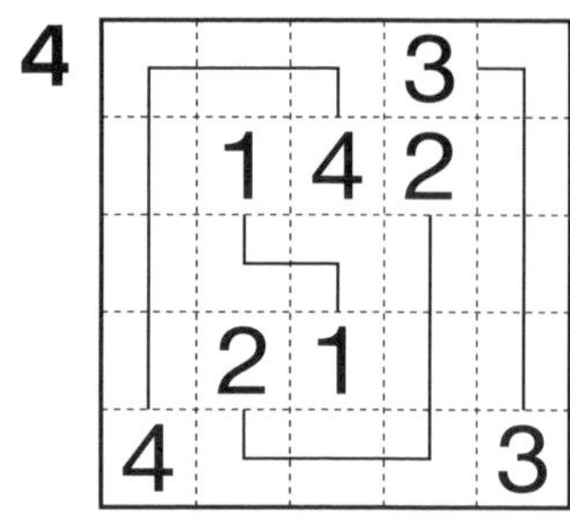

5
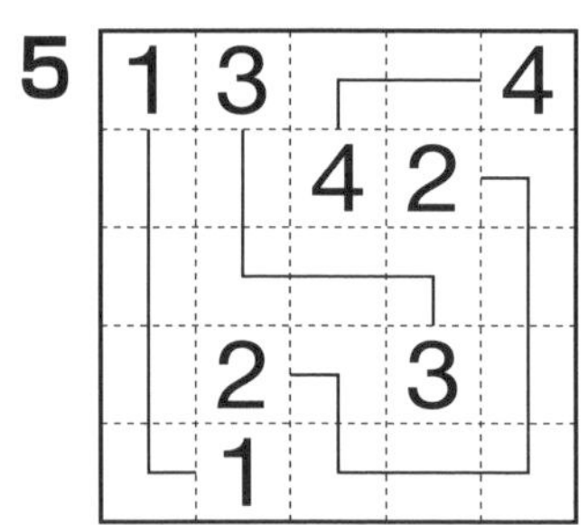

6
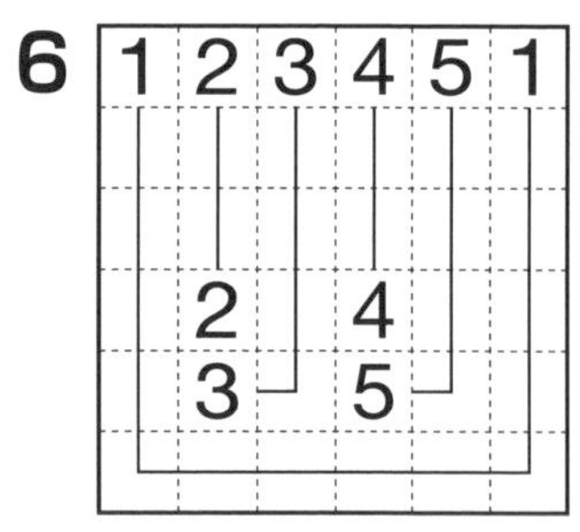

7

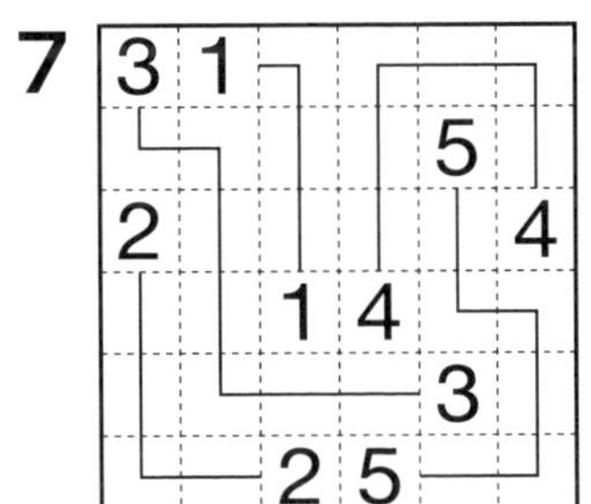

8

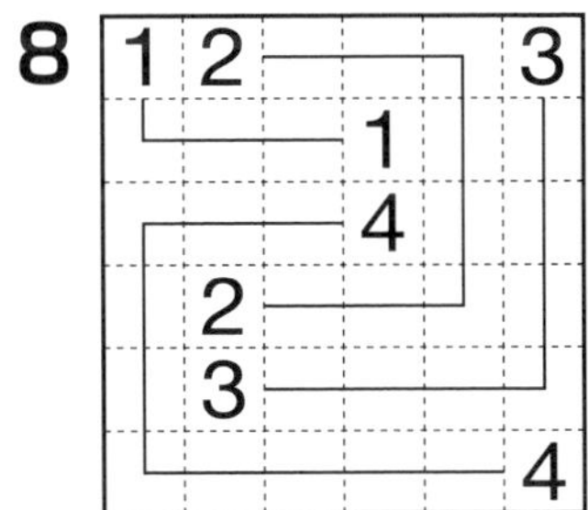

9

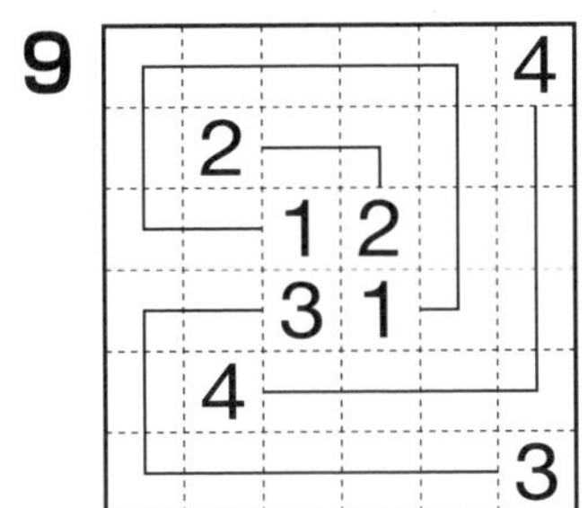

10

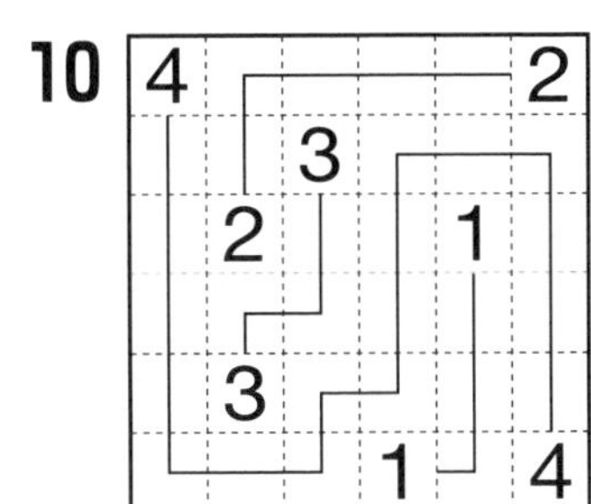

11

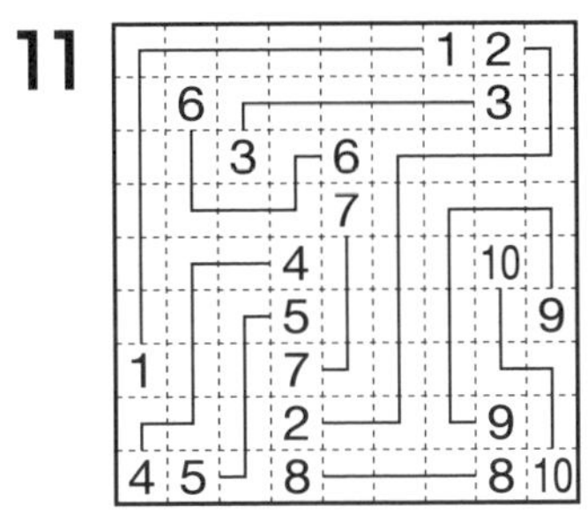

12

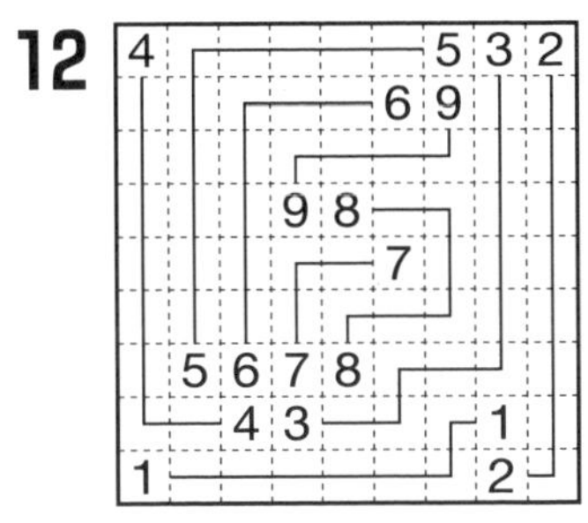

13

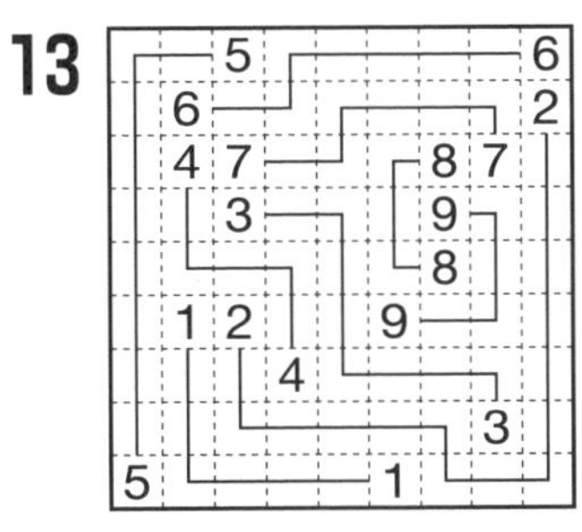

14

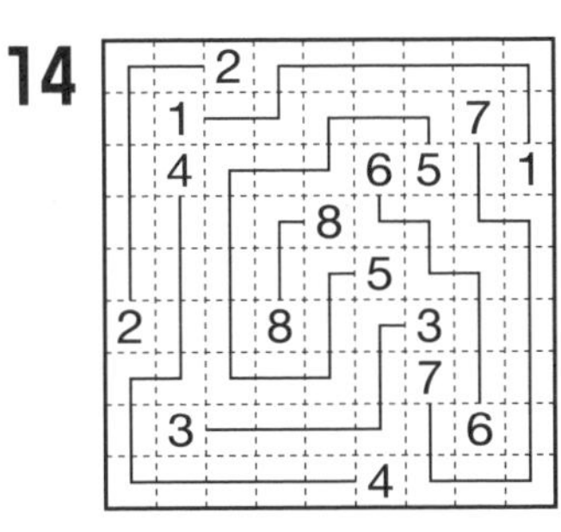

15

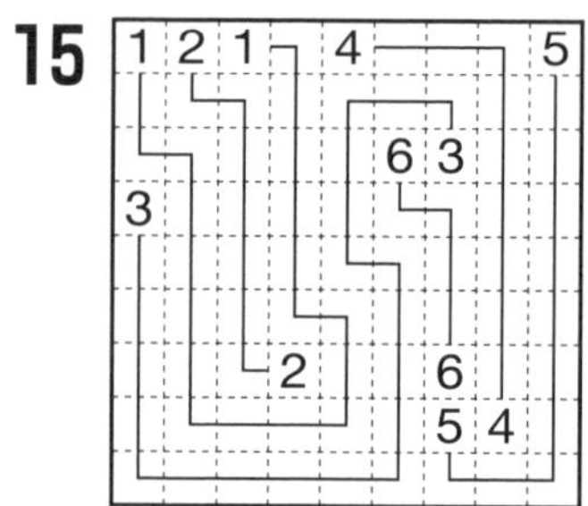

16

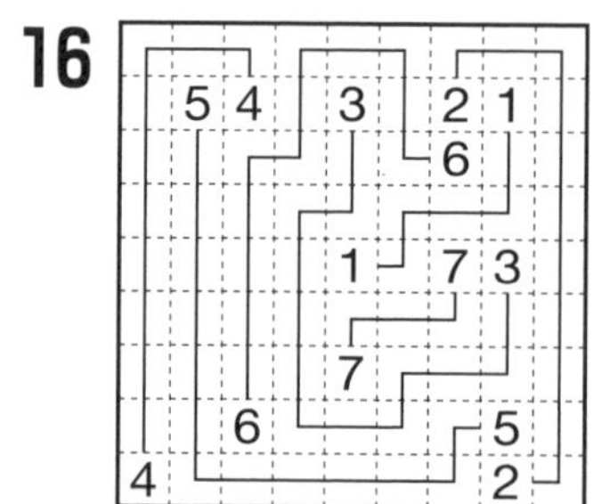

17

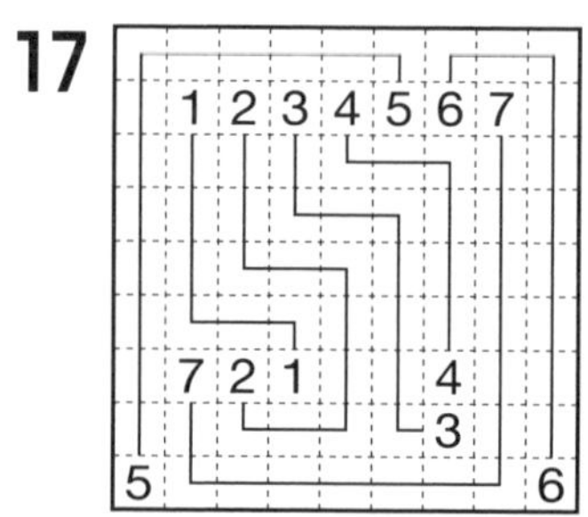

18

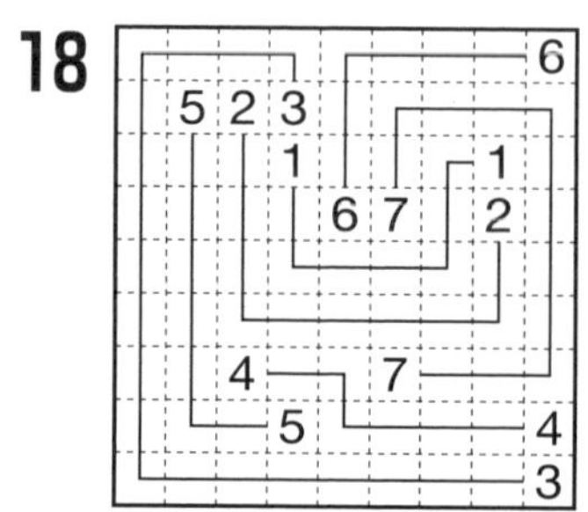

19

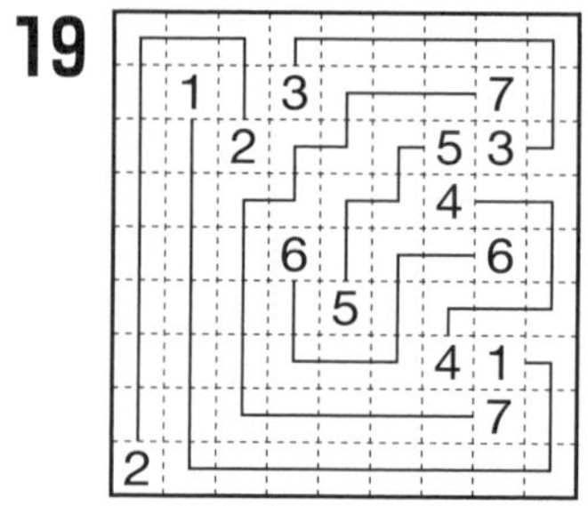

20

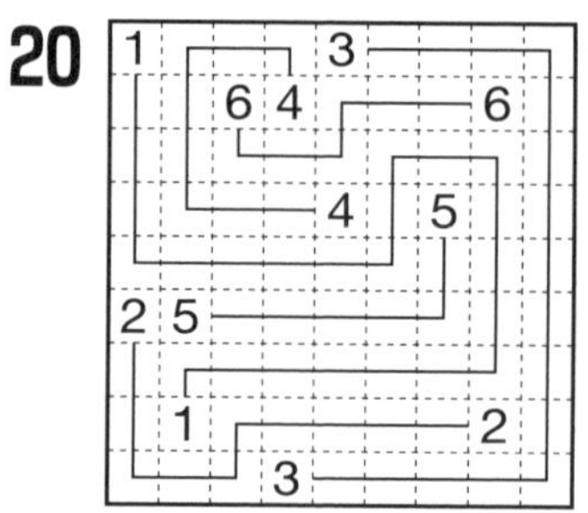

●四角(しかく)に切(き)ろうのこたえ●

1
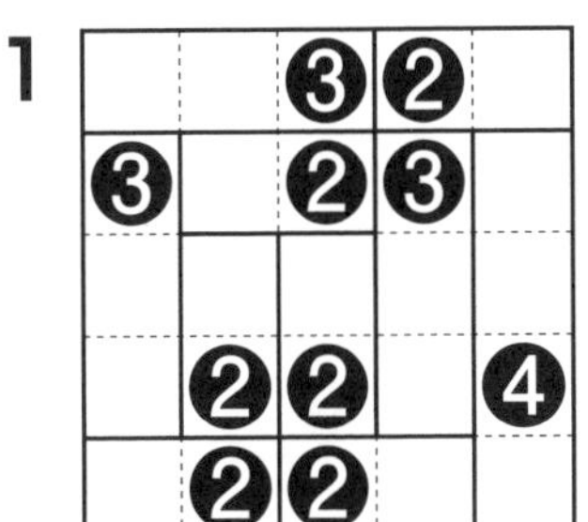

2
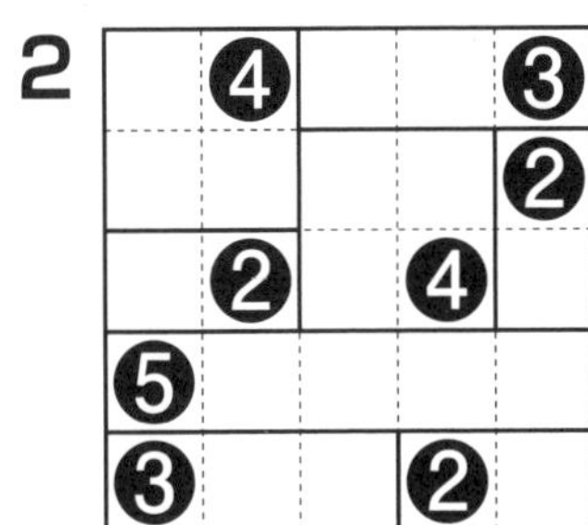

3
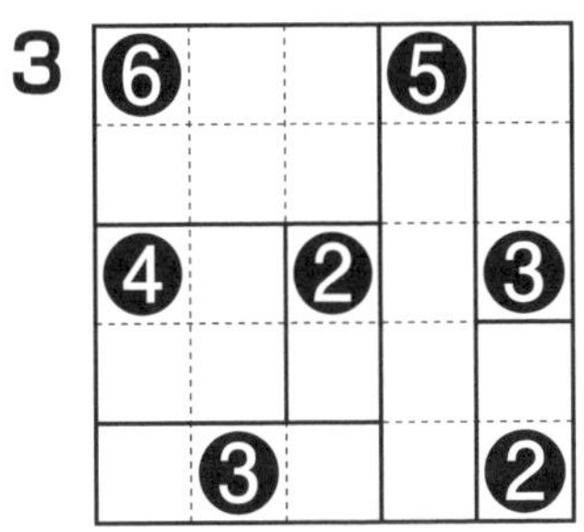

4
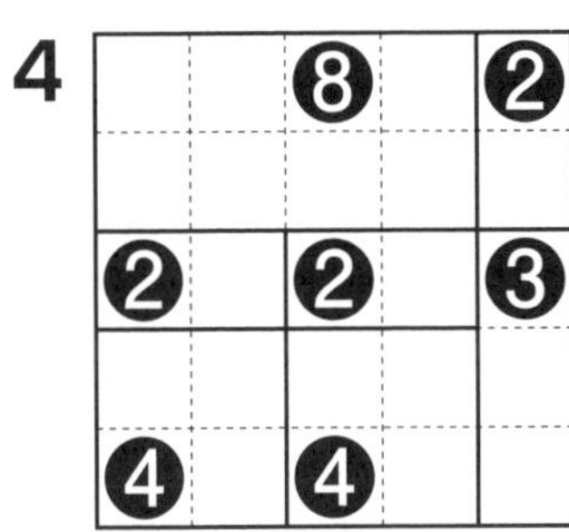

5
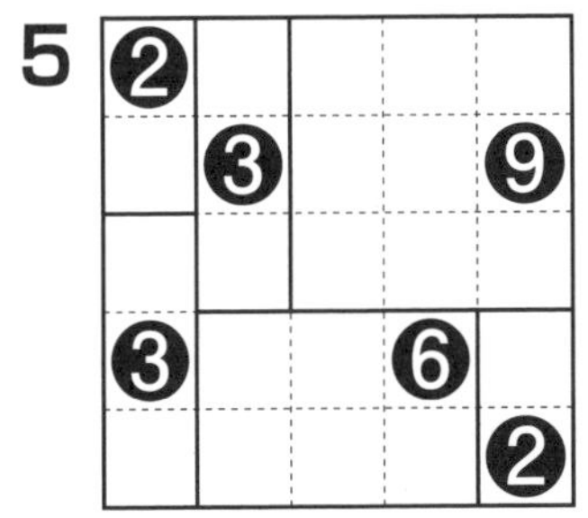

6
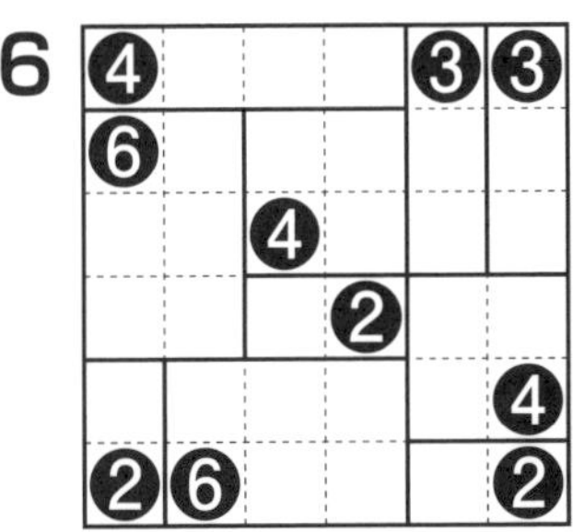

7

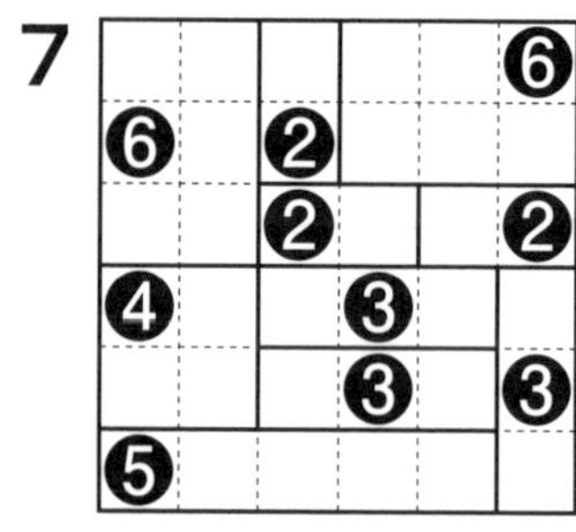

8

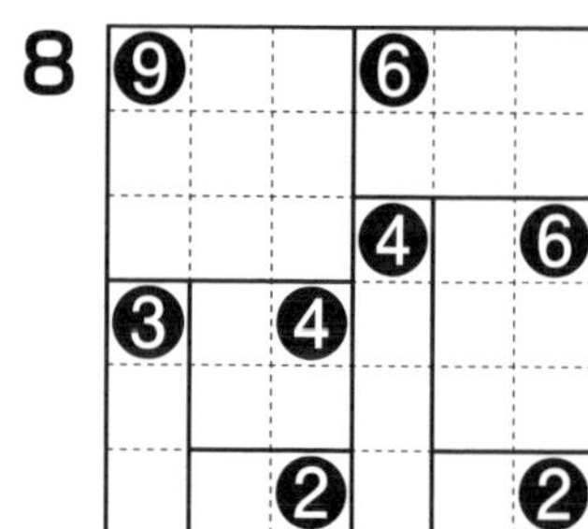

9

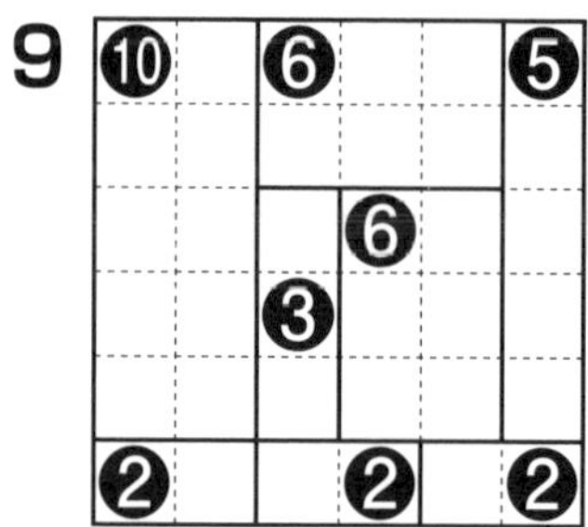

10

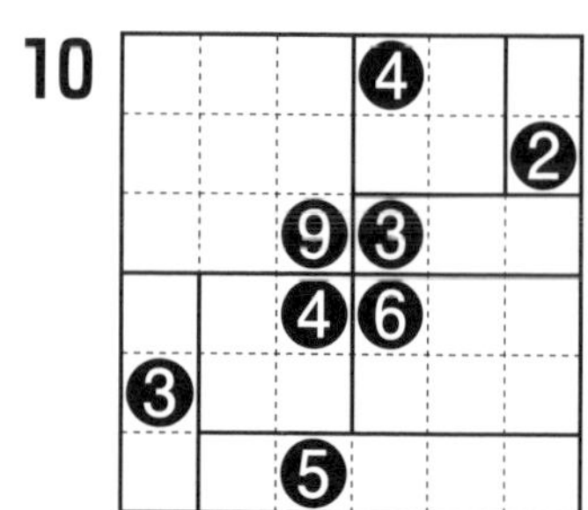

11

12

13

14

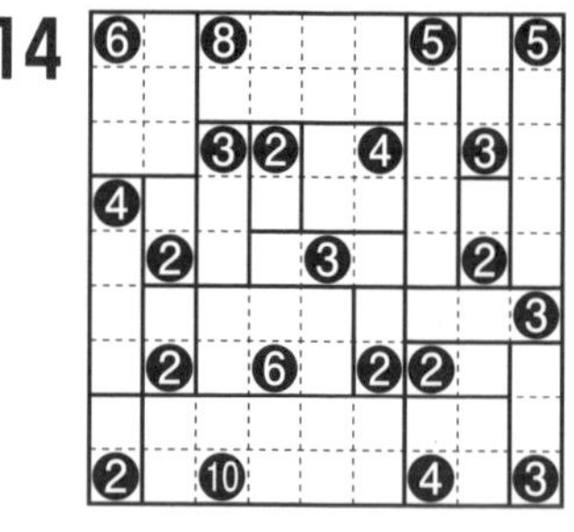

15
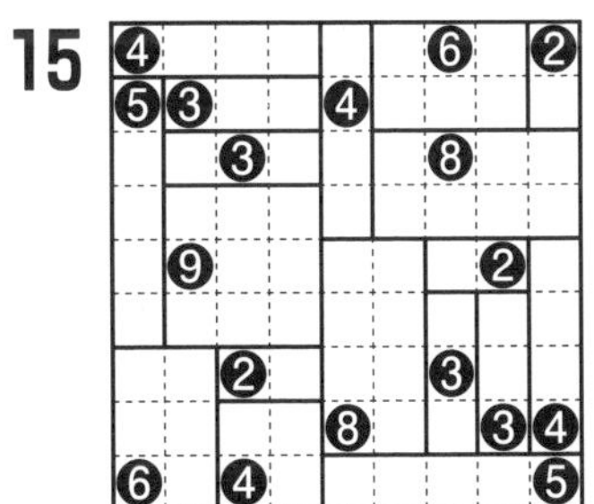

16
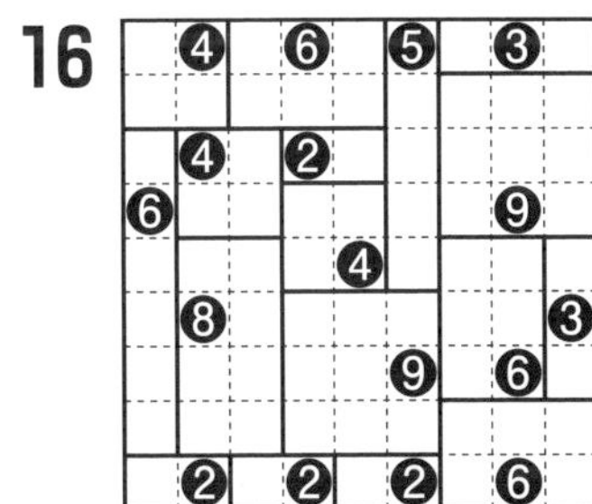

17
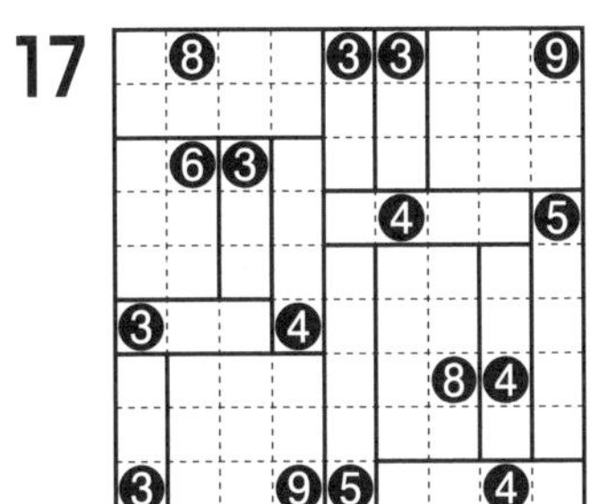

18
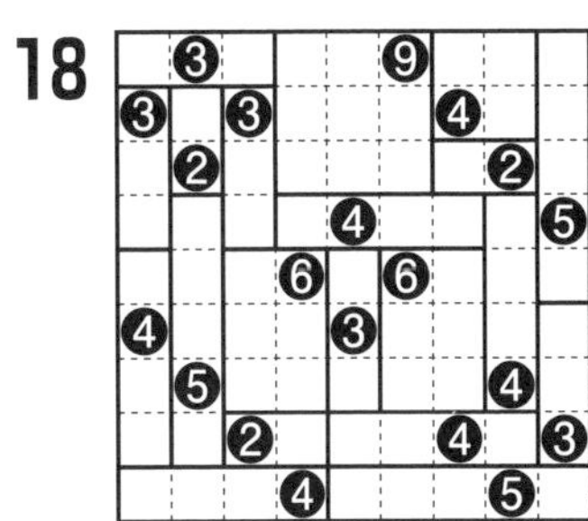

19
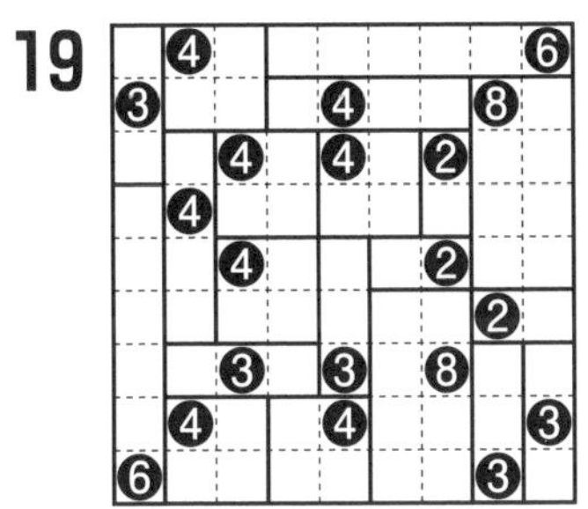

20
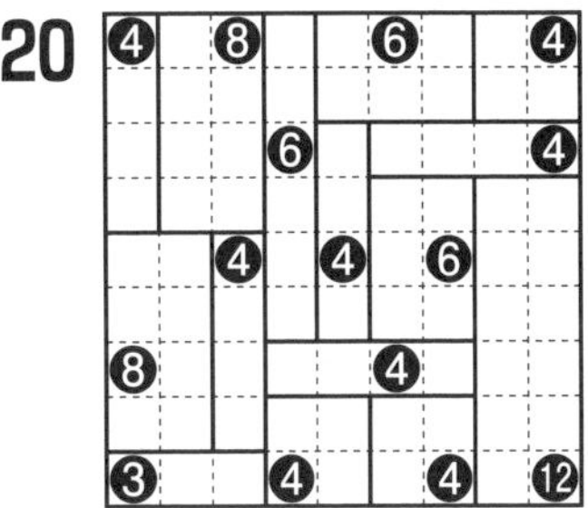

ニコリ出版物のお知らせ

ニコリはパズル専門の会社です。パズル出版物を多数発行しています。

＊2020年３月現在の情報です。＊本の定価は「本体＋税」となります。

数独の本

数独練習帳１

●A5判　●本体500円

空きマスが20個程度の初歩の問題からスタートし、全40問すべてやさしい数独ばかり。問題のすぐあとに答えが載っているので、答え合わせも簡単。

はじめての数独

●A5判　●本体各600円

本書に続く難度の数独が解けるシリーズ。一般的な初級レベルから、中級レベルのものまで96問を掲載。１、２巻が発売中。

スイスイやさしい数独

●新書判　●本体550円

「はじめての数独」と同じくらいの難易度です。新書判で持ち運びしやすい本です。

フレッシュ数独

●新書判　●本体各620円

１冊の中で、やさしいものから難しいものまで100問の数独が解けるポケット判シリーズです。１～10巻まで発売中。

ナンバーリンクの本

ひらめきパズル絵むすび ニコリ「ナンバーリンク」初級編

●四六判
●本体各550円

本書掲載の「数字をつなごう」と同じルールのパズルがたくさん解ける本です（絵や数字をつなぎます）。１冊あたり54問のパズルを掲載。１、２巻が発売中。

四角に切れの本

ペンシルパズル選書 四角に切れ１

●四六判
●本体1100円

本書掲載の「四角に切ろう」は「四角に切れ」という名前で出ています。一般的な初級レベルから、マス数が多くとてもハードな問題まで、四角に切れの問題を130問掲載。

フレッシュ四角に切れ１

●新書判
●本体620円

１冊の中で、やさしいものから難しいものまで100問の四角に切れが解けるポケット判シリーズです。１巻のみ発売中。

Rules of Sudoku(4×4)
1. Place a number from 1 to 4 in each empty cell.
2. Each row, column, and 2x2 block bounded by bold lines (four blocks) contains all the numbers from 1 to 4.

Rules of Sudoku(9×9)
1. Place a number from 1 to 9 in each empty cell.
2. Each row, column, and 3x3 block bounded by bold lines (nine blocks) contains all the numbers from 1 to 9.

Rules of Numberlink
1. Connect pairs of the same numbers with a continuous line.
2. Lines go through the center of the cells, horizontally, vertically, or changing direction, and never twice through the same cell.
3. Lines cannot cross, branch off, or go through the cells with numbers.

Rules of Shikaku
1. Divide the grid into rectangles with the numbers in the cells.
2. Each rectangle is to contain only one number showing the number of cells in the rectangle.

あつまれ!! 小学生の数独 4・5・6年

●2020年３月10日　初版第１刷発行
●発行人　鍜治真起
●編集人　菱谷桃太郎
●発行所　株式会社ニコリ
〒103-0007　東京都中央区日本橋浜町3-36-5-3F
TEL:03-3527-2512
https://www.nikoli.co.jp/
●表紙デザイン　Yama's　Company
●本文デザイン　川嶋瑞穂
●イラスト　みりのと
●印刷所　株式会社光邦

ISBN978-4-89072-390-4 C8076

nikoli
PUZZLE